OHSAMA BUNKO

いつも運のいい人
100の習慣

大木ゆきの

JN140713

三笠書房

プロローグ

宇宙とシンクロして幸せな人生を手に入れる！

宇宙銀行の無限の宝庫から、

- ラッキー
- 素敵な出会い
- 豊かさ
- うれしいこと
- 楽しいこと……etc.

を、い～っぱい、受け取るにはね……。

カンタンです♪

宇宙の周波数に
自分を同調《シンクロ》させれば
いいんです。

じゃあ、「宇宙の周波数」って、どういう周波数なのかというと、

- **歓《よろこ》び**
- **心地よさ**
- **満足**
- **充足**
- **安心**
- **平安**
- **愛**

のような、あなたが「幸せ気分」でいるときと同じ周波数です。

そんな宇宙の周波数に自分を同調させていれば、
いちいち願いごとをするまでもなく、
自動的に最高の恩恵が流れ込むようにできているんです。

これって、ラジオと同じことです。
「FM幸せ」に周波数を合わせれば、
「FM幸せ」の放送が聞こえてきますよね。
でも、
「FM何をやってもうまくいかない」に周波数が合っていれば、
「FM何をやってもうまくいかない」の放送が聞こえてくるでしょ。

これと同じように、
無限なる豊かさそのもの、至福そのものの宇宙の周波数と
あなたの周波数が合っていれば、
あなたに向かって宇宙の無限の豊かさや至福が流れ込んでくるのです。

そして、あなたの人生には、どんどん素晴らしいことが起こる。
これが**「宇宙の法則」**なんですよ。

今まで難しく考えてきませんでしたか？
がんばって努力して、
人にできないようなすごいことができるようになり、
すべてをなんとかして手に入れないと、
幸せになれないと思ってきませんでしたか？

実は、そうじゃなかったんですよ。
宇宙の周波数に、自分を同調させればいいだけだったんです。
すご～くシンプル♪

でね、問題は、どうすればそんな宇宙の周波数に
同調できるのかってことですよね。

それはね、

すぐにできるカンタンなことで、
それをやると幸せ気分になることをやる。
それだけ！

「えっ？　それだけでいいの？」
という声が聞こえてきそうですが、
ええ、それだけでいいんです。

では、具体的にどんなことをやればいいのか。

それは、大きく次の三つの種類に分けられます。

① 行動の習慣
② 言葉がけの習慣
③ 心がけの習慣

どれもちょっと意識するだけで、すぐにできることばかりですが、これらの習慣を続けることで宇宙の周波数と同調するようになり、すべてが流れるようにうまくいきだします。

この流れに乗れたあなたは、最強です。**何が起こっても開運できる「ミラクル体質」**になりますから。

私はこれまでたくさんの本を書いてきましたが、これだけあらゆる側面から開運する習慣を書いたのは、この本が初めてです。

ただし、この本を活用するには、ちょっとしたコツがあります。
それはね、

✴ 全部やろうとしないこと。
✴「これだったらやりたい♪」と思えることを最低一つやればいい。
✴ その最低一つのことを楽しみながら、1カ月くらい続ければいい。
✴ やったら、「エライ!」ってほめる。
✴ できない日や、やれない日があっても責めない。また思い出してやればいい。

すぐにできる「たった一つのこと」を続けるだけでもいいの。
あっ、別に二つ、三つとやってもいいんですよ。
楽にできると感じる方は、いくつでもやってかまいません。
でも、くれぐれも全部やろうとしないでください。
全部やらないと、開運しないわけではないんですよ。
それに、どんな瞬間も宇宙の周波数と同調していなければ、

開運しないわけでもない。

落ち込んだり、
くすぶったり、
悲しくなったり、
やりきれなくなったりしても大丈夫！

何もしなければ、そのままどんどんネガティブスパイラルに入ってしまうけれど、一つでも開運習慣を行なえば、そのときにきちんとリセットできますから、大丈夫なんです。

いつまでも落ち込んでいる状況から、すぐに脱することができるようになり、また宇宙の周波数と同調できて、運気も上がってきます。

それにね、そのカンタンにできる開運習慣をやると、やっぱり気分がいいわけです。幸せだなあとか、心地いいなあって感じます。

すると、頼まれなくても、もっとやりたくなってくるの。

そして前は一つだけしかやっていなかったのに、三つも四つもやるようになる。

そうすると、「あれっ？　なんだか最近運がいいんだけど」という状態になってくる。


そりゃ、そうです。

宇宙の周波数とますます同調するようになってきているわけですから。

こんなふうにね、最初は一つでもいいの。できることからでいい。

それを楽しみながら気楽にやること。それによって、どんどん流れに乗って、どんどん開運していきます。


さあ、それでは始めますよ。肩の力を抜いて、気楽にやりましょう♪

大木ゆきの

もくじ

contents

1章

「幸福スイッチ」ＯＮ！ミラクル体質になる朝の習慣

2章 気持ちよく仕事がはかどる習慣

つぎつぎ成果!

3章 毎日がもっと快適になる習慣

家事はアトラクション！

4章

「ほっ」と一息！ 心がゆったりする夜の習慣

5章

ストレス知らず！ 人との関係がラクになる習慣

6章 気づけばリッチ！ お金がザーッと雪崩れ込む習慣

7章

なぜか整う！
マインドも体も健やかになる習慣

付録

「逆境」は宇宙からの上級問題

――「うまくいかない」のは、「うまくいく人生」の始まり

1章

「幸福スイッチ」ON！
ミラクル体質になる
朝の習慣

1 起きた瞬間、自分に愛を送る

朝、目覚めたとき、最初に頭に浮かぶのは、どんな言葉ですか？

「もう朝？　しんどいな～」

「今日も会社かあ、面倒くさいな～」

もし、一日をこんな言葉からスタートしていたら……もったいない！

朝一番、自分にかける言葉は、心に元気が湧いてくるようなポジティブで、愛のこもったものにしましょう。

声に出さず、心の中で「愛してるよ、今日もよろしくね」と言うだけでもOK。とにかく、起きた瞬間から**自分に愛を送ってみる**のです。

なぜなら、これが宇宙と周波数を合わせる、いちばん簡単な方法だから。

宇宙は、あなたも含め、すべての人を**「ありのままで完全な存在」**だと思っていま

いわけ。宇宙はあなたの存在そのものがうれしいし、あなたに幸せを与えたくてたまらないわけ。

でも、「どうせ自分はダメ」なんて、思ってしまったら……。

残念！　せっかく宇宙が送り込もうとしている幸福や豊かさが、受け取れなくなってしまいます。

そして、ますます「ダメだ～」が増えて、運気が落ちてくる……。

これ、悪循環ですよね？

だから、朝から「しんどいな～」なんて心の中でぼやいている場合ではないのです。

「眠くて、愛なんて気分になれないんだけど……」と思っても、自分に語りかけましょう。

というより、眠いときこそチャンス！　なぜなら寝ボケた状態で言うと、潜在意識の深いところにまでその言葉が届いて、宇宙とより強くつながれるから。

さあ、朝一番の「愛してるよ」で、幸運のスイッチを入れましょう！

2 「自分を大事にするね」と宣言する

眠気が少し抜けてきたら、今度は声に出して、こう言ってみましょう。

「今日も一日、自分を大事にするね」

これも、宇宙に周波数を合わせる習慣ですが、今度は**しっかり「声に出す」**のがポイント。

心の中で自分に呼びかけるのと違って、こちらは**「宣言」**なんですね。

誰に宣言してるのかって？　もちろん、宇宙です。

というのも、宇宙は、あなたが宣言することを叶《かな》えてくれる存在だから。自分を大事にするとあなたが言えば、それが実現するように取り計らってくれるのです。

ただしこれ、「お願い」や「お祈り」とは、ちょっと違います。

「〜しますように」ではなくて、「〜します」「私はこうすることに決めましたよ」と宇宙に伝えるだけ。

すると、宇宙はそのとおりに叶えてくれます。

すぐに叶えてくれることもあるし、時間がかかることもある。

「それは、幸福になれる宣言ではないな」となったら、ときには別の結果を送り込んでくることもあるけれど……。

「大事にするからね」なら絶対ＯＫ。宇宙の思いとピッタリ一致します。


ところで、自分を大事にするって、どういうことだと思いますか？

わがまま放題に暮らすこと？　贅沢三昧《ぜいたくざんまい》すること？

いえいえ、違います。もし、それが本当に幸せと感じるなら別だけど……。

自分を大事にするとは、**「自分の本当の気持ちに寄り添うこと」**。

自分の「本来の姿」や「真の思い」に気づくこと。それに沿った行動や、生き方をすること。

簡単なようで、できていない人は、意外と多い気がします。

でも、この習慣を続けていけば、きっと大丈夫。

本当の気持ちへの気づき方も、寄り添い方も、どんどん上手になっていきますから。

3 窓を開けて「新鮮な氣」を入れる

毎朝、窓のカーテンを開けますよね？　そのとき、同時に窓も開けましょう。

一つだけではなく、できれば家中の窓を、すべて開けてほしいです。

――なんて言うと、大豪邸に住んでいる人は重労働になってしまいそう！

大豪邸ではなくても、３階建てに住む人や、高いところにあって開けづらい窓がある、なんて人もいるかもしれませんね。

そんな人は、開けやすい窓だけいくつか開ければＯＫ。

ポイントは、「南と北の窓」「東と西の窓」というふうに、部屋の両端の、向かい合わせの窓を開くこと。そうすると、**「風の通り道」**ができるから。

真冬にこれをやると、かなり寒いですが、５分でいいので実践してみてください。

一日のスタートが、断然、違ってきますから。

なぜ窓を開けるのがいいのか？　それは、風と同時に**新鮮な「氣《き》」**が入ってくるからです。

氣とは、人や自然などが発している目に見えないエネルギー。この氣は毎日、入れ替えることが必要です。

窓を開ける前の部屋には、前日の古い氣が澱《よど》んでいます。

夜になると、あなたも家族もそれぞれ、「今日も働いたな、疲れたな」とか「大変だった……」とか「あのこと、どうしよう」とか、いろんな思いが浮かびますよね？

そうすると、氣はドヨ～ンと澱んでいきます。

とはいえ、「いろいろ思ってはダメ」ということではないですよ。生きていれば、当然のことですから。

古い氣が澱むのも、これまた当然。

だったらそれを、毎朝外に出して、新しい氣を入れればいいんです。

窓を開けて、スーッと入ってくる風を「気持ちいい」と感じた瞬間、あなたは宇宙から新鮮な氣を受け取っています。

どうぞ清々《すがすが》しい気持ちで、活動を開始しましょう！

4 家の中のどこか一カ所をキレイにする

朝って、あわただしいですよね。

食事の用意、朝食、ゴミ出し、洗濯、身支度。

1~2時間のなかに、やることがたくさん詰まっていますよね。

でも、それに取り掛かる前に一つだけ……。

ちょっと「宇宙とつながること」をしてみましょう。

それは、**家の中のどこか一カ所を掃除する**、ということ。

例えば、玄関の靴箱の上だけ、とか。階段の隅《すみ》っこだけ、とか。

キッチンだったら、コンロ周りだけとか、冷蔵庫のドアだけとか、電子レンジのターンテーブルだけ、とか。キッチンマットの上をコロコロでキレイにするのもいいですね。スッキリして気持ちがいいですよ。

この「気持ちいい」が、重要ポイント。

忙しいと、掃除はついつい後回しになるもの。たとえ掃除をしなくても、人間はホコリやチリでは、まず死なないですからね。

でも……実は、**ホコリやチリって、周波数を下げる**んです。

階段を上りながら「あ、端《はし》っこにホコリが……」と思いながら通り過ぎるとき、ほんの少し、気分が下がりませんか？

これを放っておくと、文字どおり「チリも積もれば」で、運気が下がるのです。

それをリセットするのが、この習慣。たとえ一カ所でも、キレイになったら気分が上がって、宇宙と周波数が合い、運気も上がります。

日替わりで「今日は階段」「今日は玄関」とローテーションしていくのも、いいかもしれませんね。

でも、「毎日やらなきゃ」なんて、思わなくていいですよ。本当に忙しい日は、無理せずスルー。窮屈《きゅうくつ》な気持ちを持つと、また周波数がズレてしまいますから。

数分余裕があって、かつ気が向いたときにパパッと拭《ふ》くだけ。それだけで明らかに周波数が上がり、宇宙の周波数と同調しやすくなりますよ。

5 鏡などの「ピカピカポイント」を磨く

そうそう、「一カ所だけキレイにする」ときに、とりわけお勧めのポイントがあります。

名づけて、**「ピカピカポイント」**。

磨くとピカピカになる、金属やガラスの部分です。

ここを磨くと、運気の上がり具合がケタ違いなんです。

例えば、バスルームの鏡。

水滴が乾くと、白い跡が残りますよね。

それを拭き取ってピカピカにしたときのスッキリ感は、もう格別！

それはちょっと手間がかかる、というときは、水道の蛇口《じゃぐち》がねらい目。

濡《ぬ》れたふきんなどでキュッとひと拭きしたら、ピカピカになります。

逆に、今日はちょっと時間がある、というときは、一つでいいから、窓をピカピカにしてみましょう。差し込む太陽の光が一段と増して、ますます気分が上がります。

リビングの鏡もお勧め。全身が映る大きな鏡や、家の中で「いちばんよく見る鏡」を拭くと、プラスの影響力もそれだけ高まります。

キレイになった鏡に、顔がくっきりキレイに映るときのウキウキ感、ぜひ味わってみましょう。

ちなみに風水の世界では、ピカピカポイントを磨くと邪気《じゃき》が払われる、と考えられているそうです。ものが「映る」ものは、悪いものを跳《は》ね返す力があるんですね。

あと、ピカピカポイントではないけれど、やはり効果が高いのが、テレビやパソコンの画面。「映る」ではなく「映す」ものも、キレイにしておくと運気が上がります。

また電子機器は、静電気によってホコリがたまりやすいポイントでもあります。

ただその分、拭いたあとの変化が鮮やかです。映像がくっきり映ると、頭の中までスッキリします。

そう、**どんな場所であれ、汚れを取り除くと、頭が冴《さ》える**んです。

宇宙がくれるラッキーを、ますます受け取りやすくなりますよ！

6 「洗顔瞑想」で宇宙とつながる

朝の洗顔、ただの〝作業〟になっていませんか？

パパッと洗ってザーッと流しながら、「さっさと次のことをしよう」なんて考えていたり……。

確かに時間のない中では、いろんなことを要領よくこなしていくのは大事ですよね。

でも、手早くやりながら、宇宙とつながることもできるんですよ。

それは**「瞑想《めいそう》」**。


瞑想って、座禅を組んだり、山の上で修行したりといったイメージがありませんか？

何かと難しくとらえられがちですが、瞑想は意外と簡単にできるものです。

どうするかというと、**顔を洗うときの「感覚」に集中**すればいいのです。

顔に触れる指の感触、石鹸《せっけん》の匂い、泡の柔らかさ、水の冷たさ、洗い終えたあとに顔を拭くタオルの柔らかさ……。

それをただただ、味わうだけ。

これは「無心」の状態です。

「早く洗い終わらなくちゃ」でも「次に何する？」でもなく、今この瞬間を生き、味わうのです。

「今この瞬間を生きる」というのは、まさに瞑想と同じ。

ひとときの「洗顔瞑想」で、宇宙にスーッとつながりましょう。

7 朝食こそ「自分の好きなもの」を

朝ご飯、いつも何を食べていますか？
習慣でなんとなく選んでいる？
それとも、家族のリクエストに合わせている？
逆に、家族からイマイチ不評なものを「体にいいから」と食べさせている？
その実、自分も「マズい」と思っている？
――それ、ちょっとストップ。
どれも、「あなた自身が好きな食べ物」ではないですよね？
もっと、「好き」という気持ちに素直に従いましょう。
「好き！」から始まる宇宙とつながるパワーを、侮《あなど》ってはいけません。
「体にいいもの」を食べるより、こっちのパワーのほうが断然上。
あれこれ考えず、好きなものを食べてしまいましょう！

「でも家族は？『私の好きなものをいっしょに食べて』って言うの？」

いいえ。家族も、各自が好きなものを買ってきてもらうなどして、好きなものを食べればいいのです。

毎日それだと大変なら、週に一回だけでも試してみてはいかがでしょうか？ 題して**「何でも好きなものを食べるデー」**。

お父さんは牛丼、子どもはお気に入りの菓子パン、とか。

「体に悪そう」なんて思わないで試してみてください。絶対楽しいですから。

人の体って本来、いちばん欲しているものを選ぶ力を持っています。ジャンクフードを食べたがる子どもだって、成長すれば自然に、体に合ったものを選ぶようになるはず。

そのためにもやはり、最初に「好き！」を味わい、体が喜ぶことをしてほしい。そうしないと、「本当に何を欲しているのか」も見えてこないから。

「これ、食べなさい」と誰かに言われて食べるのではなく、自分で「何をおいしいと感じるのかな」と考えて食べるのって、素敵ですよね。

長い目でみたら、このほうがきっと健康的なはずです。

8 食べたくないときは「無理に食べない」

好きなものを食べるのが大事、と書きましたが、ときには「好きなものでさえ食べる気にならない」という朝もありますよね。

昨日食べたものが消化されていない感じがしたり、なんとなく体調がすぐれなかったり。そんなときは、無理せずに一食抜いてしまいましょう。

「朝食抜きって、いけないことなのでは？」なんて気にしなくて大丈夫。「朝ご飯は必ず食べるべし」と言うお医者様もいれば、「食べなくてもいい」と言うお医者様もいるぐらいですから。

もしかしたら「食べないほうがいい」と言うお医者様も、いるかもしれない。つまり、まちまちなんですよね。

誰かの言うことを聞くより、**「食べたくない」という体の声に従うのがいちばん**です。

こう書くと、またまた、家族のことが気になってしまう人もいるでしょう。

「私は食べないのに、家族のために作るの？」

なんて思ってしまったり。

いえいえ、ここも前項と同じで、各自で用意してもらいましょう。

あるいは、ご主人やお子さんにキッチンデビューしてもらうのもいいですね。ハムサンドとかサラダとか、包丁や火を使わなくても作れるものからトライしてもらってはいかがでしょうか。

料理のスキルが身につくし、「自分のことは自分でする」という自立意識も育つし、いいことずくめです。

そして何よりいいことは、**家族が仲よくなる**こと。

「食べたいものを食べる、食べたくないときは食べない」と言えるあなたは、自分の気持ちに寄り添える、つまり「自分を大事にできる」人。そんなあなたのそばでは、周りも自然と、自分を大事にするようになります。

結果、全員がご機嫌になって、家族円満になるのです。

まずはあなたがハッピーになることで、宇宙と周波数を合わせ、家族まるごとハッピーにしてしまいましょう！

9 「ごちそうさま」に感謝の気持ちを込める

ご飯を食べ終わったら、「ごちそうさま」と言いますよね。

これを決まり文句としてサラッと言っているなら、ちょっと残念。

この言葉のもともとの意味――**「ごちそうを、ありがとう」の気持ち**を、ぜひ込めてみて。食卓にこの食べ物を届けてくれたすべての人に、感謝を表明するのです。

稲を植え、育ててくれた農家の人。それを運んだ運送会社の人。お店に並べて売ってくれた人。ほかにもたくさんの人の手が、一膳《いちぜん》のご飯に関わっているはず。その全員を想像できる限り思い浮かべて、感謝しましょう。

そして自分と家族への感謝も忘れずに。食材を買うお金を稼いできてくれた人、愛を込めて調理してくれた人のおかげで、このご飯を食べられたのですから。

そしてもちろん、その全員を包み込んでいる、宇宙にも感謝。

短い一言のなかに、ギュッと思いを詰め込みましょう。

10 「歯磨き瞑想」で心をスッキリさせる

食後は再び、短時間の瞑想タイムです。「洗顔瞑想」をしなかった日や、「洗顔瞑想」がうまくできないという人は、ここで**「歯磨き瞑想」**をしてみましょう。

方法は、前に紹介した洗顔瞑想と同じです。歯を磨きながら、感覚にグーッとフォーカスするだけ。

歯に触れるブラシの感触や、口の中に広がるミントの香りを、一瞬一瞬、味わってみてください。すると、きっと「気持ちいいな」と感じるはず。もちろん、この爽快感も100％味わい尽くすことをお忘れなく。

「歯がキレイになっていく」というイメージも大事です。

クリアな気持ちで、キレイになっていく自分を想像する。その幸せな気持ちが、宇宙の周波数との同調を促してくれます。

11 気持ちが「キュッ！」と上向く服を着る

仕事をしている人なら、次は出勤前の身支度に入りますね。このとき、いつもどんなことを考えて、服を選びますか？

もし、「仕事だし、無難にまとめなくちゃ」としか思っていないなら、宇宙の周波数と、少しズレてしまうかもしれません。

あ、でも一つだけ、例外があります。自分の好みのとおりに選んだ服が、たまたま無難なコーディネートになってしまった、というケースです。

あなたがもし「渋い色が好みだ」とか、「折り目正しいスーツを着ると、気合が入る」とか、「ベーシックなデザインがいちばん相性がいい」と感じているなら、何も問題ではありません。

服に袖《そで》を通して、鏡に全身を映して確認したとき、**気持ちが「キュッ！」と上向き**になるはず。

結果、あなたの周波数も宇宙のそれとピタッ！　とはまるはず。

もし、「いやあ、別に『キュッ』とはならないけど？」と思うなら……。

周波数はやっぱり、宇宙とズレている可能性が高いです。

なぜならあなたは、無難な服が好みだと「思い込んでいる」だけだから。

それって、無意識のうちに、自分に制限をかけてしまっているということです。

それなら、もっと華やかな要素をプラスしてもいいかもしれません。

もちろん、「TPO無視の服装で出勤しちゃえ！」ということではないですよ。会社の規定があれば、守る必要もありますしね。

ただ、その規定の**「範囲内」ではなくて、「範囲ギリギリ」をねらってみる**のはどうでしょう。原色のスカーフをチラッとのぞかせる、なんて素敵かも？

慣れてきたら、ときどき**範囲を「うっかりはみ出してしまう」**のもアリかもしれません。「スカート、派手じゃない？」なんて一瞬思われても、意外と許してもらえること、けっこう多いものですよ。

「どこまで『好き』を入れられるかな？」と少しずつトライするのは楽しいもの。そのワクワクで、あなたはもっとキラキラ輝けるはずです。

12 「自分が輝く」アクセサリーをつける

アクセサリーやメイクも、無難にまとめようとしないでください。

ゴールドやプラチナ、キラキラしたビジュー（宝石）など、**「輝くもの」は、宇宙とつながりやすいパワーを持っています。**木製や革製でも、つけていて気持ちがキュッと上がるアクセサリーなら、ぜひつけましょう。

すると、あなた自身が、キラキラ輝きます。

小ぶりなものや地味なものでも、あなたがそれを好きなら、自信を持って身につけてください。周囲に遠慮して地味にしているのなら、「本当の私は、こうではないんだけどな～」という気持ちになって、周波数が下がるので要注意。

服と同じく、「決まりごとの範囲ギリギリ」か「ちょっとはみ出す」くらいをねらってみると、「自分が本当はどんなものを身につけたいのか」が見えてきます。

つまるところ、これって**「自分を大事にするレッスン」**なんですね。

13 メイクの最後に「宇宙とつながる」おまじない

メイクの最中にも、宇宙とつながれるポイントがあります。

「ピカピカポイント」の話、覚えていますか？　「磨くとピカピカになる場所をキレイにすると、運気がグーッと上がる」という話でしたよね。

メイク道具って、ピカピカポイントの宝庫だと思いませんか？

コンパクトの鏡もそうだし、フタの表面もツルッと光沢《こうたく》がありますよね。

このポイントを、キレイにしましょう。

面倒くさい？　いえいえ、簡単です！

メイクするときって、ティッシュがすぐそばにあるはず。パウダーをはたいたあとに、ティッシュでキュッとコンパクトの鏡をひと拭き。フタについた指紋も、同じくひと拭き。

ほら、一瞬でピカピカ復活！

ちょっと時間があるときに、アイメイクのパレットの「境目」なんかを、綿棒でキレイにするのもお勧め。細かい粉で汚れていたところが、買ったばかりのときのようにツルピカになりますよ。

そしてメイクが終了したら、最後に強力なおまじないをしましょう。

鏡に向かってニッコリ笑って、「キレイだよ！」と言うのです。

「いやいや、キレイじゃないし」「もう小ジワも出てきてるし」なんて思いは、遠くに捨てましょう。

宇宙はあなたをキレイだと思っているのに、あなた自身がそんなことを思っていたら、ガッカリしますよ。そんな後ろ向きモードを吹き飛ばすためにも、声に出して「キレイだよ！」と言いましょう。

「今日もキレイだね」「かわいくなったね」など、その日の気分に合わせてアレンジしてもOK。「大好きだよ！」もお勧めの強力ワードです。

毎日言っていると、本当にキレイになります。

「自分をほめるなんて……」という気後《きおく》れを捨てて、存分に愛《いと》おしんであげて。言えば言うほど、宇宙の周波数とピタッと合っていきますから。

14 バッグ&靴選びの基準は「好き」と「機能性」

服やアクセサリーは「好き」を第一にと書きましたが、通勤バッグの場合、そこにもう一つ、プラスしてほしい要素があります。

それは**「使い勝手」**。収納たっぷり、ポケット多め、中身を整理しやすくサッと取り出せる、など。置いたときに自立して、中身がグチャッとならずに済むとか、バッグ自体が重過ぎない、といったことも大事ですよね。

そういう「機能性」と「好き」の両方を満たしていたら、まさに最強。

ハッピーな気分で、キビキビ仕事ができること間違いなしです。

逆に、よくないのは見栄でバッグを選んでしまうこと。高価なブランドバッグを持ちたがる人に、ときどきこの現象が起きてしまいます。

ブランドもののバッグを「機能的で大好き」と思って買うなら、もちろんOK。でも、「職場のあの人のよりも高いものを買わなきゃ」なんて考えているなら、それは周囲に振り回されている印。運気が下がるので要注意！

それから、**靴もバッグと同じく、「機能性」と「好き」を両方満たせるものが吉。**

かわいくて大好きな靴でも、つま先が細過ぎたり、ヒールが高過ぎたりすると、履《は》いていて痛いですよね？

痛みは周波数を急降下させちゃうから、避けたほうがいいわけです。

それでも、「この靴が好きだから履きたい！」というときは、通勤中だけその靴を履いて、職場にもう一足、履きやすい靴を用意するといいかも。

逆もアリです。仕事中はカッコいいハイヒールを履いて、通勤中はスニーカーにする方式です。もちろんそのスニーカーも、履きやすくて、かつ好きだと思えるものを選んでくださいね。

そうして軽やかに職場に向かって、着いたらヒールにチェンジ。

「さあ、仕事だ！」というエンジンがかかります。

靴一つで、すばやくオンオフ。デキる女って感じで、素敵でしょ？

2章

つぎつぎ成果！

気持ちよく仕事がはかどる習慣

15 「デキる人」になり切って出社する

あなたは、自分の仕事が好きですか？

いつまでも今の仕事を、今のポジションでしていたい、と思っていますか？

「もっとおもしろい仕事がしたいのに」

「もう少し責任のある役職につきたいのに」

「もっと報酬の高い仕事をしたいのに」

と思っているとしたら、それ、アンハッピーですよね。

それは宇宙と波長がズレる元って、あなたはもう知っていますよね。

では、どうしたらいいかって？

あなたが抱く、「～したい」が叶ったあとのイメージを、頭に描くのです。

おもしろい仕事をしているあなた。部下を率いてバリバリ働くあなた。昇給して、生活レベルを一段、二段と上げていくあなた……。

そんな自分に「なり切って」出社しましょう。頭の中で、それが叶ったことにしてしまえば、宇宙がそのイメージに、あなたを近づけてくれます。

このイメージ、具体的であればあるほどベター。

部下の人物像とか、顧客と信頼関係を築いたエピソードとか、勝手にどんどん作ってOK。日によって設定やストーリーを変えても、もちろんOK。

毎朝そうしていると、「無理」と思っていたことが、「できるかも」になって、そのうち「できて当たり前」になっていきますよ。

「別に偉くなりたいわけではないけれど、『デキる人』になりたい」

という場合も、やり方は同じ。「デキるあなた」のイメージをいっぱい膨《ふく》らませればいいのです。上司にほめられたり、お客さんに感謝されたり、同僚に「任せて！」と言っているあなたになり切ってみて。

すると、顔つきに自信が満ちてきます。周囲があなたを見る目も変わってきます。

「この人、頼りになるかも」と思われるようになるのです。

すると、チャンスが巡ってくる確率が、ジワリとアップ。

宇宙が、あなたの理想の実現に向けて、動き出しますよ！

16 「笑顔で挨拶」のすごい効果

「挨拶《あいさつ》は大事」って、子どもの頃から、みんな教えられますよね？

なのに大人になると、挨拶が「おざなり」になってしまうのって、残念だなあって私、思うんです。

あなたの職場では、どんな挨拶が交《か》わされているでしょうか。

部屋に入ってくる人は、誰に言うともなく、無表情で「おはようございま～す」と言い、言われたほうの返事も適当。ときには「自分に言ってるわけではないよね？」と全員が思ってスルー、なんてことになっていませんか？

接客業についている人なら、お客様には完璧な挨拶ができるけど、職場では全然、なんてこともあるかもしれません。

職場の同僚には毎日会うから、「わざわざ挨拶なんて……」という空気になりやすい。だからこそ、あなただけでも、おざなりではない挨拶をしましょう。

「おはようございます」を笑顔で、明瞭に言うのです。

明るい声を職場に響かせると、みんな、ハッとしますよ。あなたの笑顔を見ると、相手も晴れやかな気持ちになります。

そうならないことも、ときにはあるでしょう。おざなりモードに慣れきった職場だと、すぐにポジティブに反応できないことも多いですから。

ときには、「急にどうしたの？」なんて、からかい半分の反応が返ってくることもあるかも。昨日までのあなたが仏頂面《ぶっちょうづら》で挨拶していれば、なおさらね。

それでも「ダメかあ……」なんて思わないで。

笑顔で、「いいことがあったんです！」とでも返しておけばいいのです。

毎日続けていると、周囲の反応も徐々に変わってきます。

明るい返事と笑顔が返ってくる回数が増えて、やがて、あなたのいない場所でも、同僚どうしが挨拶を交わし合うようになります。あなたの発する周波数が、時間をかけて職場に浸透《しんとう》するのです。

職場の雰囲気が晴れやかになると、仕事がしやすくなりますよ！

そのための第一歩、ぜひ踏み出してみてください。

17 「ほめ言葉」と「ありがとう」はケチらない

職場の周波数を上げる方法、もう一つ紹介しますね。

それは**「ほめること」**。

お世辞を言うことではありませんよ。心から「いいな」と思ったことを、素直に相手に伝えればいいんです。

「私の同僚たち、別にほめるところなんて、ないですけど?」と思ったなら、それは少々観察不足。字がキレイだったり、話し方がハキハキしていたり、誰にでもどこか必ず、素敵なところはあるはずです。

それでも考えつかなかったら、「ありがとう」と言いましょう。

作業を手伝ってくれたら「ありがとう」。電話をつないでくれたら「ありがとう」。

感謝の言葉も、「あなたのサポートは素晴らしい」という気持ちを伝える、立派なほめ言葉です。

上司をほめるときには、言い方に注意。「部長、アドバイスが上手ですね」なんて言ったら「え、上から目線?」と思われるかも。でも、「ご助言のおかげでうまくいきました。ありがとうございました!」ならスムーズですよね。

部下がいる人なら、特に気合いを入れて、ほめる機会を増やしましょう。「お客様が喜んでいたよ、いい仕事したね!」「仕事がいつも丁寧ね」「短い時間でよくこれだけまとめたね」など。

人はほめられると、やる気がグンとアップします。すると周波数が上がって、ますますいい仕事をしてくれるようになるのです。

あなたに対する親しみや信頼感もアップします。

すると、「この人と仕事をしていると快適だな、スムーズだな」と感じてくれるでしょう。

大事な仕事を「君に任せたい」とか、おもしろい案件で「あなたと組みたい」と言ってもらえることも、きっと増えます。

職場の周波数と自分のチャンス、両方引き上げてしまいましょう!

18 喉も心も潤すドリンクを常備！

「飲み物」って、すごく大事。喉《のど》を潤《うるお》すだけでなく、心の潤いにもなるから。

冷たいドリンクでシャキッとしたり、温かいお茶でホッとしたり。

その心地よさを感じた瞬間、宇宙とスーッとつながれます。

自分の飲みたいものが職場になかったら、「マイ飲み物」を用意しましょう。大好きなハーブティや、香り高い紅茶など、**「これを飲むと『上がる』！」という飲み物を常備**しておくのです。

カップも大事です。見るたびに、触れるたびに幸せになれるような、とびきりお気に入りのカップで飲むと、おいしさも倍増。

根《こん》を詰めて作業をしていると、どうしても疲れがたまりますよね。

そんなとき、飲み物で一服。大好きなカップを目で楽しんで、大好きな飲み物で内側も潤って……仕事に向かう元気が、パッとよみがえるはず！

19 片づけ＆整理整頓のすごい「時短効果」

デスクの上は、いつも片づいた状態にしておきましょう。

そのほうが、「宇宙とのつながり」がよくなるから。

1章で、掃除の話をしましたよね。キレイにすれば運気が上がるし、頭の中もスッキリ冴えますよ、と。

職場のデスクも同じ。きちっと片づけると、快適な気分になります。

すると「宇宙とのつながり」がよくなるのです。

……こう言うと、たま～に、

「ゴチャゴチャしているほうが私は快適」

と答える人がいるんですよね。

本当かな？　それ、ホントにホント？

それって、「私はだらしないんだ」と決めつけて、「キレイにするのは私らしくない」と思っているだけかもしれません。

もちろん、デスクの上に一つくらいテンションの上がるものを置くなどして、「私らしさ」を演出することは大事です。

でも、その「私らしさ」を、最初から低く設定し過ぎてしまう人が、ときどきいます。

——このことについては、また後ほど話しますが、とにかく、そんな人も騙《だま》されたと思って、引き出し一つだけでもキレイにしてみてください。いちばん上の、文房具を入れる引き出しなんて、取り掛かりやすいかも。

まずは物量を削減。何本も赤ペンがあるとか、同じ用途のものがたくさんあったら、共用スペースにでも寄付すれば、トレイの整理も簡単。よく使うペンは、あえて引き出しに入れないで、デスクの上のペン立てへ。

これだけで、仕事が今より速くなるはず。探し物の時間が減って、パッと物を出し入れできるから。そう、**片づけって、時短効果がスゴい**んです。

これを体感すると、きっとほかの部分も片づけたくなりますよ。

20 どんな仕事も「心を込める」

「単純作業」って好きですか？

ホチキス止めとか、封入とか、切手貼りとか。

ある意味「縁の下の力持ち」的な仕事で、華やかさには欠けますよね。人によっては、「テキトーでいいじゃない」と思ってしまうこともありそう……。ところが、この「テキトー感」って、周波数を下げるんです。

一見すると重要性の低そうな仕事でも、心を込めてやったほうが周波数は上がる。

封入物を、受け取った人が開きやすいように入れたり、切手が斜《なな》めにゆがまないように線に沿って貼ったり。そうすると……、

「封入に心がこもってるから、昇給！」

……な～んてことは、さすがにありません（絶対にないとは言えませんが）。

でもね、そういう意識の違いは、いい接客ができたり、細かい部分まで行き届くサ

ービスを考えついたりなど、ほかの部分にもにじみ出てきます。

それが評価につながっていくことなら、確実にあります。

「でも、単純作業のときくらい、何にも考えないでいたい……」と思うでしょうか？

でもね、それ、違うんです。

「心を込める」って、「いろいろ考える」ということではなく、「丁寧にやる」ことだけに集中すればいいのです。「角を合わせて折る」とか「切手をまっすぐ」とか、それだけ。

前のところに登場した、「洗顔瞑想」と同じで、感覚だけに集中してください。

これ、思考力はいりません。むしろ、頭がスッキリして気持ちいいですよ。

「でも、スピードが落ちてしまわない？」と思うでしょうか？　いえいえ、実は逆なんです。

単純作業は、心を込めて丁寧にやったほうが速いです。「面倒くさいなあ」と思いながらやると、周波数が落ちて時間がかかり、ミスも出やすくなります。

心を込める人の作業は、丁寧でスピーディ。

そんな達人、目指してみませんか？

21 朝イチは「やりたい仕事」からスタート

「仕事は優先順位を決めて、重要な業務から始めよう」

これ、世の中でよく言われる「仕事術」の基本ですよね。

間違ってはいませんが、それにとらわれ過ぎるのはどうでしょうか。

そう思うのには、わけがあります。

重要な業務って、プレッシャーのかかる仕事であることが多いですよね。だから、朝からそれを「やらなくちゃ」と思うと、気持ちが縮こまって、周波数が下がってしまう危険性があるのです。

するとスピードが落ちて、クオリティがイマイチになって、結局残業……なんて、悲しいですよね。

「プレッシャーでますます燃える！」というタイプの人なら、こんな心配は無用です。

でも、もしあなたが「燃える」ではなくて「縮こまる」タイプなら、優先順位はいったん無視しましょう。

朝イチで手につけるのは、「やりたい仕事」にするのが吉。

好きな仕事とか、簡単にできてしまう仕事とか。

そういう仕事だったら、スムーズに、スピーディに終わらせることができるはず。

そしたら、「私、デキるじゃん！」という気持ちになって、周波数が上がります。

その勢いを保ったまま、重要な仕事や苦手な仕事に手をつけてください。元気が出ているから、プレッシャーも最小限。アイデアも出やすくなるし、スピードだって上がります。

優先順位どおりにするより、きっと早く帰れます。

これって、「仕事の優先順位」よりも、「自分の周波数」を上げることを優先させるということなんですよね。

つまり**「自分を大事にする」**ということ。

「宇宙とのつながり」をよくする仕事術は、世の中で言われる仕事術よりも、実は効率的なんです。

22 仕事の「ゴールデンタイム」を見つける

どの仕事に、いつ手をつけるとスムーズに進むか――それは人によって千差万別。

例えば、アイデアを考え出すような仕事は、「朝は頭が冴えるから、午前中が最適」とよく言われますが、朝に弱い人には当てはまりません。夜のオフィスのほうが静かで集中できる人もいます。その人にとっては、夜がゴールデンタイムです。

つまり、**仕事をサクサクはかどらせるためには、「自分向きのタイミング」を見つけておくといい**、ということです。

頭を使わないルーティンワークをいつ行なうかについても同じ。

「朝一番のウォームアップに最適」という人もいれば「昼間の眠くなりがちな時間帯に簡単なことをしたい」という人もいて、いろいろ好みがあるはず。

締め切りが目の前に迫っていたら「好み」なんて言っていられませんが、もしある程度時間があるなら、自分優先で仕事を進めるのが吉です。

23 「煮詰まったとき」は無理せずブレイク！

「企画を考える」系のクリエイティブな仕事って、がんばれば結果が出るわけではないですよね。頭を絞《しぼ》ってウンウン考えても、ダメなときはダメ。

そんなときは仕事の手を止めて、そのときにいちばんしたいことをしましょう。

コーヒーを飲んだり、おいしいものを食べに行ったり、休憩室で仮眠をしてみたり。

そうして頭の緊張をほどくと、ふっとアイデアが降りてきます。

これは、**宇宙があなたの代わりに働いてくれた**からなのです。

あなたが「全然考えつかない！」と焦《あせ》っている間も、宇宙はあなたの頭に、素敵な知恵を入れてくれています。リラックスして、ちょっと周波数が上がると、「あ、こういうアイデアがあった！」と見つけることができるのです。

だから、煮詰まったときほど、自分が喜ぶことをしてみて。無理してがんばり続けるより、ずっといい仕事ができますよ。

24 気の進まないイヤな仕事は〝無心に淡々と〟

どうしても気の進まないイヤな仕事ってありますよね。

こういう仕事こそ、機械になったつもりで淡々とやりましょう。

無心になって、ひたすら集中してみる……。すると不思議なことに、とても心が落ち着いてくるんです。

機械のように無心でやっているうちに、だんだんとその仕事のコツのようなものがわかってきます。そして、気が進まないはずの仕事が、意外におもしろい仕事だと気づきます。つまり、「つらい」とか「気が進まない」というのは、一種の思い込みに過ぎないということ。やがてゲームのように楽しんでいる自分に出会えるでしょう。

そして気づけば、自分の新しい能力が開花しています。

なぜなら、**「無心」こそが、宇宙とつながるスイートスポット**だからです。

25 お昼休みは「自分の好きなように」過ごす

お昼休みは、大事なリフレッシュタイム。

あなたはランチのお店、どうやって選んでいますか？

いつも周囲のみんなに適当に合わせているなら、ときには自分が行きたいお店に行って、食べたいものを食べましょう！

とはいえ、「行動をともにしないといけない雰囲気」ができ上がっていることもありますよね、きっと。

そうであれば、数日に一回は口実を設けて、エスケープしましょう。

「郵便局に行かないといけないの。すっごく並んで時間がかかっちゃうから、今日はみんな先に食べてて～」

これでＯＫ。「ウソをつくなんてイヤだな」なんて思う必要はありません。

「一人になりたい」と思うのは自然な欲求だし、わがままではありません。

しかもそのとき、角《かど》が立たないように言い方を工夫するなんて、むしろいい人。「私ってエライ！」と思ったほうがいいです。


はたまた、それさえしづらい特殊な職場環境もあるかもしれません。

例えば、「昼は全員、社員食堂で食べるのがルール」なんて会社とか。

実は私も昔、そんな職場に勤めていました。

だけど、たまには一人で好きなものを食べたいときもあるので、「食堂以外で食べてもいいですか？」と素直に聞きました。

するとね、意外とスンナリOKが出たんです。

「ときどきは食堂も利用してね」という条件はつきましたが、それくらいなら、もちろんOK。

「言ってみるもんだな」と思いましたよ。

こんなふうに、工夫しながら自由の範囲を広げていってください。

26 要望・意見・注意は「明るく端的に」言う

職場は人の集まり。ときには「えっ？」と思うこともあります。

上司に対して「このタイミングでそれを頼む!?」と思ったり、部下に「今の電話応対、問題アリだよ」と感じたり。

その違和感、放っておかないほうが、いいです。

「その件、今日は時間的に難しいのですが、明日ではいかがでしょうか？」

「お客様に『ありがとうございます』と一言添えたほうがいいよ」

と、パッと言ってしまいましょう。

そのときのポイントは二つ。

短い言葉で、端的に言うこと。

それと、**明るく笑顔で言う**こと。

この言い方なら相手もムッとしないし、尾を引くこともありません。

「内心不満なのに笑顔で言うなんて、無理しているということでは？」と思うかもしれませんが、それは違うのです。不満になる「前に」言えば、無理ではありません。ストレス以前の、ほんの少しの「えっ？」の状態なら、意外と笑顔で言えるものです。

よくないのは、ギリギリまで我慢してから言うこと。

この場合、笑顔にも明るさにも無理が出てしまいます。

もっとよくないのは、我慢し過ぎて、あるときバーンと爆発してしまうこと。

「この前のアレも、そういえば先月のアレも、ヒドイですよ」

「あなたって、いつもそうよね!?」

なんて、過去の悪行（？）まで引っ張り出して怒り出す怖い人になってしまうと、あなたも相手も、周囲の人たちまで、ネガティブ周波数に飲み込まれます。

「えっ？」をため込まず、こまめに、笑顔で出すことが大事です。

これって、職場をネガティブ周波数から守る、「予防」でもあります。

自分も周りも仕事しやすい環境を、こまめに、早めに整えているあなたは、誰にも気づかれないうちに、すごく素敵なことをしているのです。

27 一日一個、社内で「秘密のサービス」をする

「誰にも気づかれないうちにする、よい行ない」

これを**「陰徳《いんとく》」**といいます。

実はこれ、すっごく周波数が上がる行為なんですよ。

陰徳を積むチャンスは、職場にたくさんあります。

洗面所の周りに飛んだ水滴を拭いておいたり、共用スペースの散らかりを軽く整頓したり。

こういうちょっとした**「秘密のサービス」**をやってみましょう。

「あれ、私がやっておいたんだよ〜」と言ってしまったり、

「私がやってるんだけど、誰か気づかないかな〜」と思うのはナシですよ。

「ありがとうと言われたい」「エライと思われたい」と考えながら行なう親切より、

「したいからする」親切のほうが、純粋ですよね。

純粋な親切は、やっている側も気持ちがいいものです。

自分も快適、相手も知らないうちに快適。最高ですよね？

それは「愛」の行為であり、ということは、まさに、宇宙の周波数そのもの。

だから、グーンと周波数が上がるのです。

陰徳は誰にも気づかれないけれど、上がった周波数は徐々に波及して、巡り巡って、あなたのもとへ、幸運として舞い戻ってきます。

愛にあふれた親切なあなたは、「親切にされる人」になります。


でも、「いずれ親切にされるために、陰徳をがんばっちゃうぞ」はナシですよ。

「陰徳を積まないと不運になってしまう、やらなきゃ」もナシ。

そういうことではないと、あなたはもう知っていますよね。

「私も気持ちいいし、みんなも快適だといいな」と、ただ思うだけでいいのです。

出発点は「愛」なんだということを、忘れないでください。

28 退屈な会議の空気をガラッと変える習慣

会議って、「いろいろな意見を出し合って、その相乗効果でいい知恵を生み出そう」という場……であるはず。でも現実には、特定の人ばかりが話して、ほかの人たちは退屈そうにうつむいて、ドヨーンとしている……なんてことがほとんどですよね。

でも、たとえそんな場であっても、できることはあります。

それはね、いつものあなたと「反対のこと」をやるということ。

ふだん、バンバン意見を出して主張するタイプなら、今度は人の意見にひたすら耳を傾けてみる。逆に、いつも黙っているタイプなら、思っていることを口に出してみる。これだけで、雰囲気がガラッと変わります。

あなた自身への影響も大。新発見があったり、周囲の評価が変わったり。

ふだんはしないことをすると、違った「能力の扉」が開くのです。

あなたもまだ知らない、別のあなたが目覚めるかもしれませんよ。

29 「もう無理！」なときは迷わず助けてもらう

仕事量が多過ぎて、「もう無理！」となったとき、どうしていますか？

一人でがんばる？　それとも、誰かに助けてもらう？

宇宙と周波数が合うのは、断然「助けてもらう」のほう。**人に頼るって、全然悪いことではないい**んです。ギリギリまでがんばって結局パンクして体を壊すほうが、周囲は困りますよね。何よりそれは、自分を大事にしていない証拠です。

だから、ためらわずに「ちょっと大変なんだ、助けて～」と言いましょう。

量が多過ぎるわけではなくても、「これ、私、下手なんだよね……」という仕事があったら、これまた助けてもらってＯＫ。

といっても、押しつけるわけではないですよ。コツを教えてもらうとか、一部だけやってもらってお手本にするとか、チェックを頼むとか、方法はいろいろあるはずです。いい仕事をするために、ぜひ人の手を賢く借りましょう。

30 苦手な仕事は「これも必要な経験」と考える

これまでに、「我慢しないほうがいい」という話は何度かしました。

不満はため込まないほうがいいし、多過ぎる仕事も一人でがんばろうとしないほうがいい。

「この職種、合わないから異動させてほしい」

といった大きな話も、我慢しないで伝えたほうがいいですよ。

「言ってみたら異動させてもらえた！」なんてこともあるから。

でも、あなたが「自分に合った仕事をしていい」と心から自分に許可しているにもかかわらず、どうしてもその仕事をしなければならない状況になっているのだとしたら、それは、**宇宙から見て、その経験があなたには必要だから**なんですよ。

宇宙もね、意地悪でやっているわけではないんです。その経験を、後々の「いいこと」につなげようとしてくれているのですね。

私が経験したきつかった仕事の一つが、「予算立て」。

「数字、苦手なのに～！」と思いつつ、やるしかないからやっていました。

でもそのおかげで、今、確定申告の作業がスイスイできますから、全然、無駄ではなかったのです。


私の知り合いにも、似た経験をしている人がいます。

ふだんの仕事と全然違うイベント企画を任されて、すごく困ったらしいのですが、それが今、趣味の音楽サークルの演奏会のたびに役立つとのこと。

「え～、私も苦手な仕事をした経験はあるけれど、役立っていませんよ？」と感じる人もいるかもしれませんが、それは「まだ答えが出ていない」ということです。

宇宙がくれるラッキーの中には、その場では気づけないことや、どちらかというとその時点では恩恵とは思えないものもあります。

でも、あとから、「あの経験があったから今の自分がいるんだ」と気づくことも多い。まだそのことがわからなくても、**「宇宙は絶対、私の味方！」**ということだけは、忘れないでくださいね。

31 「ちゃんと休む」から仕事もはかどる

お昼休みなど、職場で決められている休憩時間のほかにも、可能な範囲で、折を見て自分だけの休憩を取ってリフレッシュしましょう。

おやつを食べる、窓から景色を見る、外に行って風に吹かれる、など……。

いずれの場合も、大事なのは**「ちゃんと休むこと」**。

休みながら、「サボっていて、いいのかな?」とか「戻ってあれをやらなきゃ!」といったことは、いったん脇に置きましょう。

仕事のことは考えず、好きなことをして、緊張を緩ませること。

すると、疲れのせいでズレかけていた周波数が、再び宇宙と一致します。

あなたと宇宙が再びシンクロしたときには、グーンと仕事の効率がアップするはずです。

仕事に戻ったあとは、休憩前とはまるで違うスピード感を味わえますよ。

32 さっさと進めてサクッと帰る

仕事は「時間をかけてやるほうが楽」と思われがちですが、実は逆。ズルズル、ダラダラ進めると、周波数が下がります。

集中してさっさと進め、早く帰るほうが吉！

やむを得ず残業するときも、「○時までに終わらせる」と時間を区切るのがお勧め。その時間どおりに終わらなくても、リミットを決めるのと決めないのとでは、進み具合が違います。

仕事が終わったら、「お先に失礼します！」と挨拶しましょう。朝の挨拶と同じように、明るく、笑顔でね。終業前後は、みんなも疲れがたまっている時間帯。明るい声は、そんな周囲に元気を送り込む効果があるのです。

もちろん、あなた自身もその声で「今日もがんばった！」という気分になれます。晴れやかな気持ちで、職場を後にしましょう。

33 疲れたときはグリーン車や特急を使うことを許す

そうは言っても、毎度元気に晴れやかに職場を後にできる、なんて日ばかりではありません。「疲れた〜」という日も、きっとありますよね。

そんなときは、自分をとことんケアしましょう。

職場からちょっと距離のあるところに住んでいる人なら、いい方法がありますよ。

いつもの通勤電車ではなくて、**ワンランク上の電車で帰る**のです。

例えばJRなら、グリーン車に乗ってしまう。

私鉄にも「レッドアロー号」など、特急料金を払って乗る、ちょっといい電車がありますよね？

その特急料金、経費で落とせないことが多いだろうけど、別に自費でもいいじゃない！　それだけの価値、絶対あります。

つり革につかまりながら長い距離を電車にゆられて帰るのと、広いシートにゆったたり座って帰るのと、どっちが快適かといえば……考えるまでもありませんよね。

車窓の向こうに流れる夜景をボーッと眺めるもよし、目を閉じて軽く仮眠を取るもよし。心身の緊張をゆったりほぐしましょう。

「職場と家が近いから、私には関係ないな～」と思ったあなた、そんなことはありません。**タクシーで帰ればいい**のです。近距離通勤だって、駅の階段の上り下りとか、駅から家までの数分とか、バカにならないですからね。

そこをぜ～んぶ、車でショートカットしてしまいましょう。その間、あなたはのんびりと座っていればいいの。

この方法、疲れているとき以外でも、やっていいんですよ。「今日はそういう気分だな～」と思ったら、即実行！

時間のゆとりと、精神的なゆとりの両方が満たされます。

深くリラックスできて、明日の元気もチャージされる。

何より周波数がダダ上がりになるので、その分、宇宙からの幸運も流れ込みやすくなりますよ。

34 帰宅したらリラックスを最優先に

家に帰ったあとは、リラックスを最優先に。仕事のことは忘れて、おいしいものを食べて、ゆっくりバスタイムを楽しんで、もちろん睡眠もたっぷり取ってください。

……と言うと、出てくるのが「家事はどうするの」という問題。

でもね、そこは家族に助けてもらいましょう。**疲れているときは、「助けを借りる」ことを遠慮しない**でください。

子どもがいる人は、ぜひ子どもの協力を求めましょう。食器洗い、洗濯物の整理、できそうなことから頼んでみましょう。

これは、子どもにとってもうれしいこと。「どうせ子どもだし、無理だよね」と思われているよりも、親を助けられた自分を誇らしく思えます。

あなたも楽だし、家族もうれしい。

バリバリ働いた一日の最後を、ハッピーな気分で締めくくりましょう。

3章

家事はアトラクション！
毎日がもっと快適になる習慣

35 〝優秀な家電〟に助けてもらう

日々の家事って、本当に大変ですよね。

もしもあなたが、家事に追われてストレスがたまっているのだとしたら……。

そんなときは、〝優秀な家電〟に助けてもらいましょう！

調理家電やお掃除ロボット、フィルター掃除のいらないエアコンや、ホコリやチリを吸ってくれる空気清浄機など、家事を楽にしてくれる家電は、今どきいくらでもあります。

だから、**ちょっとだけお金をかけて、「楽」と「快適」を買いましょう。**

そうすればストレスがスーッと消えて、時間と気持ちのゆとりが生まれ、家が「家事に追われる場所」ではなく、「ゆったりできる場所」になります。

「高機能な家電」を買って、どんどん働いてもらいましょう！

フル活用すれば、それだけあなたの時間が増えて、家事のクオリティも上がる。まさに、いいことずくめです。

そんな「いいこと」をもたらしてくれる家電には、ぜひこまめに、感謝を伝えてね。

床をスーッと走るお掃除ロボットに「がんばってくれてありがとう」。

いい具合にお肉を半冷凍してくれる冷蔵庫に「助かるよ〜」。

そうすると、不思議だけど、家電たちはますますがんばってくれるようになります。

壊れることなく、長く優秀でいてくれるんです。

「機械なのに、感謝が通じるの？」と思いますよね？

そうなんです。**感謝のポジティブな波動って、機械にも届く**のです。

機械は人間が作ったものですが、人間を作ったのは宇宙。

ですから、人間が中継地点になって波動を送れば、機械も元気になって、長期間働いてくれるんです。

愛の力って、それくらい強力。

「ありがとう」と言葉を発するあなたの元気も、ますます上がりますよ。

36 「気分が上がる」調理器具を使う

家事用品や調理器具は**「好き」と思えるデザイン、「使いやすくて快適」と思える機能**のものを選んで買いましょう。

包丁もフライパンも、お鍋もおたまも、こだわったほうがいい。

特に包丁は、安いものを買うと、すぐ切れ味が落ちてストレス倍増。フライパンも、「テフロンがすぐ取れちゃった」なんてこと、よくありますよね。**ちょっとお金がかかっても、そのぶん機能が高くて長持ちするものを買ったほうが、結果的にお得**です。

何より、いい調理器具って、デザインが素敵なんですよね。

一枚板のヒノキのまな板、キレイな色のホーローのミルクパン、熱をしっかり伝える分厚い鍋、流線型の美しいレードル（おたま杓子《じゃくし》）……。

見ているだけで、気分が上がりそう。作業が楽なうえに、楽しさも加われば、最高ですよね。

37 疲れているときは無理しない

「手抜き」って、損な言葉だなあっていつも思います。

なんだか、怠《なま》けているみたいなイメージがありませんか？

でも、本当は全然悪いことではないんです。疲れているときに、無理せず作業量を減らすって、自分を健《すこ》やかに保つためにはとても大事なこと。それは、**宇宙とのつながりをよくする知恵**でもある。だから、手抜きに罪悪感を持たないでください。

ご飯を作る元気が残ってない日は、スーパーでお惣菜《そうざい》を買ってもいいし、コンビニやお弁当屋さんで買って帰ってもいいし、ピザを頼んでもいい。

また、「できなかった」ではなくて、「できた」に注目することも大事です。

今日は夕ご飯が作れなかったと思う代わりに、「朝ご飯を作って、その食器も洗ったよね、スゴい！」と思ってね。

すでに、あなたは十分よくやっているの。そんな自分をほめてあげてくださいね。

38 掃除は〝美容エクササイズ〟として楽しむ

手を抜く日もあれば、ちょっと張り切って手を動かす日もあっていい、と思います。例えば、週末にお掃除を念入りにしてみるとか。

でもそれを「労働」だと思うと、周波数が下がってしまいます。

ここは、**「美容エクササイズ」**だと思いましょう。お掃除って、ちょっとしたエクササイズになると思いませんか？　床を拭いたり、窓のサッシを拭いたり、浴室の床をゴシゴシするとき、けっこう体を動かしますよね？

こうして家中をキレイにすると、「運動した！」という気分になるはず。

ジムでトレーニングしたあとと同じくらい、爽快感を味わえます。

毎日でなくてもＯＫ。時間があって、かつ「体を動かしたい！」と思ったときだけでいいんです。

「家と私、両方キレイになっちゃう！」と思いながら、楽しんでみてください。

39「水回りの掃除」で運気の流れをよくする

水回りは、運気をつかさどる大事な場所。

シンクやお風呂の排水口、キレイにしていますか？

ここがキレイなら、あなた自身も浄化されます。**心の澱みや詰まりも取れて、不思議とラッキーなことが増えてくる**んです。

病気にもかかりにくくなりますよ。衛生状態がよくなるのもあるけれど、やっぱり、周波数が上がり、氣が浄化されやすくなるからだと思います。

でも排水口って、放っておくとスゴいことになってしまって、「触りたくない！」と思いますよね。

だからこそ、こまめにお掃除を。

今現在、汚れがたまっているなら、初回だけちょっとがんばってみて。

そうしたら、あとは簡単。食器洗いの最後に毎回排水口をひと洗い、バスタイムの最後にひと洗いを繰り返すだけだから。

毎回なら、汚くないからつらくもない。お風呂の排水口も、髪の毛を数本取って軽く洗うだけで、すぐ完了！

そして、もう一つ忘れちゃいけない水回り、それはトイレ。

「汚れたかも」と思ったら、スプレーを噴《ふ》きかけてサッと洗って、ブラシで軽くこすって流すのを習慣にしてみてください。


そして、こまめなお掃除にプラスして、心が浮き立つようなひと工夫をしてみましょう。

マットやカバーを素敵なデザインのものにしたり、美しい絵や写真を壁に掛けたり。グリーンや花を飾るのもお勧め。人工の芳香剤《ほうこうざい》とは違う、自然な香りが漂《ただよ》います。

「それはちょっと手間がかかるなあ」という場合は、アロマオイルを一滴垂《た》らすといいですよ。自然素材を凝縮した精油の香り、最高です。

こんなふうに、手間いらずの工夫をちょこちょこ重ねて、運気をアップ！

これだけで、ラッキーがどんどん増えていきます。

40 スーパーには「豊かな気分」で行く

あなたは、節約をするタイプ？

節約しているとしたら、それを楽しんでいる？

楽しんでいるなら、それでいいの。宇宙と周波数が合っています。

でも、もし「つらいなあ」「お金、足りないなあ」「欲しいけど、我慢しなきゃ」なんてしょっちゅうつぶやいて、暗～い顔で節約しているとしたら？

スーパーのなかで、ワゴンに入った半額だけどしなびている野菜を手に取って、しぶしぶカゴに入れているとしたら？

その節約、たぶん効果ナシです。

ドンヨリ気分は、宇宙の恩恵をスルーさせる元。ケチケチ、せこせこしたネガティブな雰囲気が、豊かさをますます遠ざけてしまいます。

ビンボーくさい顔なんかしていないで、顔を上げて、ニッコリ笑って、「お金はたっぷりある！」と思いましょう。

「ないのに、そんなこと思えない」と感じる人もいるかもしれませんね。

でもね、「そのつもり」になるだけで、宇宙とのつながりは確実によくなります。

……というより、本当にあなたはビンボーなのかな？

空気もお日様の日射しも全部無料ですよ。それがなかったら即死するほど大切なものを私たちは無料で与えられているって、スゴいと思いませんか？

「もうすでに宇宙からスゴい恩恵を与えられていて、けっこう豊かじゃん！」ぐらいに思ってみてください。

そして、豊かな気分でスーパーに行くの。

「私はこんなにも豊かなんだ」という気持ちで、お買い物をすればいいわけです。

ワゴンのしなびた野菜なんて、もちろんスルー！

お会計はいつもより割高かもしれないけれど、気にしない気にしない！

新鮮な野菜のほうが、おいしいもの。

しかも日持ちするから、実はこっちのほうがお得だったりします。そんなラッキーにも、きっと気づきますよ。

41 「ふだん着」こそおしゃれする

「ピンポーン」とインターホンが鳴って、宅配便が届いたとき。

あなたは、パッと出られますか？

「こんな姿で出られない！」と、大慌てで着替えていませんか？

シミのついたシャツ、ヨレヨレのジャージ、毛玉だらけのニット。

もし、ふだん着にそんなものを着ているなら、宇宙の無限の豊かさを受け取り損ねているかも。そんな格好をするのは、自分を大事にしていない、ということだから。

「そんなことない！　いちばん楽な格好をしているだけ」

「楽をすると、宇宙と周波数が合うんでしょ!?」――と思ったでしょうか？

では、ここでちょっと復習をしてみましょう。

「オフィスのデスクを片づけよう」という話をしたときのこと、思い出して。

「散らかっているほうが快適」と感じるのは、「私はだらしないんで〜す」と決め込んでいるからかも、という話でしたね。

ここでも、同じことが当てはまります。

だらしない格好を楽だと思っている人は、自己イメージの設定値が低い。「私なんて、こんなもん」と思い込んでいるの。本当は違うのに……。

外にはおしゃれして出かけるのに、家ではダラ～ンとしている人もこのタイプ。「外での私は仮の姿、本当はこんなもん」と、自分を下げてしまっている。

その設定、再調整しましょう！

やり方は簡単。**「楽で、おしゃれなふだん着」を着る。**これだけ。

今までの楽な服のいいところ——優しい肌触りや、体を締めつけないリラックス感や、動きやすさを持っていて、かつ、見た目が素敵で「好き！」と思えるものを探してみてください。

それに着替えると、自己認識が上がります。

「楽」と「だらしなさ」をゴッチャにしてしまう癖も、きっと直ります。

楽をしながら、自分をかわいく、キレイにしてください。

あなたはもっと、自分を好きになれるはずですから。

42 食卓やキッチンに花を飾る

花には、空間の「氣」を上げる力があります。その見た目も香りも、すべてが周波数を上げてくれます。キッチンに飾ると、癒《いや》されて華やいだ気持ちになり、作業が一段と楽しく感じられます。食卓に飾れば、食事もおいしく感じられそう。

でも、「飾らなくちゃ」とがんばるのはＮＧ。店先でかわいいブーケが目についたときに買うぐらいの気楽な感じがちょうどいいのです。

空間に華やぎをくれるお花には、「ありがとう」「キレイだね」と声をかけてあげると、不思議なくらい長持ちします。

それでもいつかは、枯れてしまいますよね。すると「氣」が濁《にご》るから、すぐ処分しましょう。そのとき、ゴミといっしょに捨てないで、できれば公園の土に混ぜたり、野原の草の中に置いたりしてあげるといいですよ。土から萌《も》え出たものは、土に還《かえ》すのがいちばん自然ですから。

43 家事の分担は「笑顔で」「サラッと」お願いする

「家事分担」って、ホントに大事。

……と私が言わなくったって、「重々承知！」ですよね。

今、家事分担ができていない人は、わかっているけれど、頼みづらいんですよね。

でもその壁、ちょっとした工夫で乗り越えられます。

一つは、**「サラッと」頼む**こと。

ギリギリまで我慢してから、「手伝ってよ」と不満顔で言うのではなく、「ちょっとゴミ出して～」「お皿拭いて～」と明るく言いましょう。

そう、**不満は「たまる前に出す」**のがコツなんです。

そのうえで、「いちばん早く帰ってきた人が洗濯物を取り込むことにしようよ」なんて分担ルールも、笑顔でサラッと言えれば万全。

「明るく言ったのに、イヤな顔されちゃったけど？」という場合は……。

もう一つ、「必勝ポイント」をお教えしましょう！

次に頼むときは、「この人は優しくて、よく気がついて、家事もできる人なんだ」という前提で頼んでみて。

本当にそうなるから！　ホントホント、ウソじゃないです。

これ、宇宙の不思議なパワーなんだけど……。

「この人、頼んだってイヤな顔するだろうし、どうせ気が利かないだろうし、なし崩しに、また私が一人でやるんだろうな」なんて思いながら頼むと、その思考が現実化してしまうんです。

だから、その逆をやればいい。

この人はいい人だ、優しいんだ、助けてくれるんだって、頭っから決めてかかるの。

すると、そっちが実現します。

「これまでイイとこなんて見せてくれたことないのに、そんなふうに思えないよ」という場合は、実験だと思ってやってみるといいですよ。

私はこれで何度か、人との関係を好転させた実績があります。

こちらの意識をそのまま体現しちゃう宇宙の神秘、ぜひ体験してみて。

44 「いらないもの」を手放すと幸運が舞い込む

「買ったけど、失敗だったな」という服や、気に入らないプレゼント、使わないままクローゼットにしまい込んでいる道具、ありませんか？

好きではないものがあると、家の「氣」が下がります。

誰かにあげるか、売るか、捨てるかして、さっさと手放しましょう。

食品も、食べないなら捨ててＯＫ。

「傷んでないのに捨てるのはいけないよね」と思うかもしれませんが、どうせ食べないなら、「傷むまで待つ」ことになります。その間、負の周波数を浴びるぐらいなら、ポイッと捨てましょう！　この習慣が身につくと、いらないものをうっかり買うことが自然と減ります。不思議なことに、気に入らないプレゼントも、もらわなくなるの。

「好きなものだけ受け取って活用します」というあなたの心を、宇宙が実現させてくれるんですね。

4章

「ほっ」と一息！
心がゆったりする夜の習慣

45 星空を見ながら「休息モード」に切り替え

仕事を終えて、家までの道をたどるとき、どんなことを考えていますか？

「今日の会議でのプレゼン、もっとしっかり準備をしておけばよかったかなあ」

「早く帰って、家事をしないと」

などなど、心が「さっき」や「これから」に、せわしなく行き来しているかもしれませんね。

でも、ちょっと待って。「今」が置き去りになっていませんか？

空を見上げてみましょう。夕空がだんだん夜空になって、一番星が見えているかもしれません。残業帰りだったら、たくさんの星々が瞬《またた》いているかもしれません。

ほら、宇宙があなたに「お疲れさま」と語りかけていますよ。

「いいえ、ここは都会だから星なんか見えません」と言うあなた。

ならば、月はどうですか？　月ならビルの間からのぞく夜空に、くっきりと見えますよね？　雨の日だって、よく見れば、空から降ってくる水滴がキラキラ光って美しいものです。そんな自然をひととき感じてみてください。

それはあなたを**「今、ここ」**に引き戻してくれます。

仕事をしているときも、家で用事をしているときも、「空」のことなんて考えないですよね？　心が活動モードになっているのですから、当然です。

その活動モードは、夜空を見ると、自然と休息モードに切り替わります。

特に、疲れているときは効果的。

疲れているとついつい、下を向いて、猫背になって、地面ばっかり見て歩いてしまいますよね。

そこを、あえて上を向く。そしたら、気持ちも上を向くんです。

「空ってどこまでも広がっているんだなあ」って気づくから。

昼間は見えない月や星が、宇宙の広がりを感じさせてくれますよ。

そんな宇宙の下で、こう決めてください。

「ここからは、私の時間！」

さあ、夜のリラックスタイムの扉を開きましょう。

46 一人でカフェやバーに行く

ときには、家に直行せずに「寄り道」するのもお勧め。

15分だけでもいいから、一人でカフェに寄ってみてください。

暑い日に喉の渇《かわ》きを潤したり、寒い日にココアで体の芯から温まったり。

きっと「心がほぐれた」って感じられます。

働き者の人ほど、仕事のあとの「スイッチオフ」が苦手なもの。

家に帰っても、まだ心が仕事中……なんてこと、多いですよね。

それをオフにするために、外と家の間に、一拍置くんです。

お酒に強いなら、バーに寄るのもいいですね。にぎやかな立ち飲みバー、しっとりと静かなバー、そのときどきの気分に合わせて、ちょっと一杯。

好きなお酒を飲んで、緊張モードをほぐしてみてはいかがでしょうか？

「○○社の何々さん」から、「ただの私」に戻る時間を味わえるはずです。

47 ときには「リッチな食卓」を演出する

夕食を作るときって、せわしない気分になりやすいですよね。

すると作ったご飯にも、なんとなく「バタバタ感」が出てしまう……。

だからときには――「ときには」でいいから、ちょっと凝《こ》った料理にしてみませんか？

「だから、その時間がないんです～」と、言いたくなる人もいるかもしれませんね。

大丈夫。デパ地下で、ステキなお惣菜を買ってくればいいんです。

デパ地下って、何でもあるでしょ？　ホテルのスープをレトルトにしたものもあるし、家ではそうそう作れないローストビーフやシチューなんかもあるし、おしゃれなサラダもある。チーズや生ハムやクラッカーを買ってくるのもいいですね。

そしたら、前菜もオードブルもメインもそろっちゃう！

それを、美しい器にキレイに盛りつけて出せば……。

時間をかけずに、リッチな食卓が完成！

おいしい料理を、ゆったり気分で食べると、昼間の疲れが洗い流されます。

——念のためもう一度。「ときには」でいいんですよ。

この本で紹介している習慣は全部そうですが、「毎日やらなきゃダメ」というものは、一つもありません。

「やらなきゃ」という感情は周波数を下げるから、むしろNG。

リッチ感のある食卓を作るのは、あくまであなたのため。あなた自身が「おいしい！」や「ステキ！」を感じて、ハッピーになるためなんです。

ハッピーって、メリハリがあるほうが、味わいやすいですよね。

ふだんはごく普通の晩ご飯にして、「ここぞ」という瞬間にリッチ感のあるディナーをバーンと持ってくるのがコツ。

このほうが「わあ、ステキ！」という気持ちが増します。

料理好きなら、週末や休日など、時間がある夜に自分で作るのもアリ。

大鍋に骨付き肉を煮込んだり、スパイスをそろえて一からカレーを作ったり。シェフ気分で、自分と家族をおもてなししましょう。

48 家族だんらんを楽しむ

「ふだんの晩ご飯」にも、ハッピーになれるコツはあります。

白いご飯とお味噌汁とおかずでも、食卓を囲む家族に笑顔があったら、もう最高にハッピーですよね？

みんなを笑顔にするには、意外なコツがあります。

それは、**お手伝いをしてもらう**こと。

お手伝いというより、**「共同作業」**かな。

家族総出でギョーザを包む、なんて楽しいですよ。

例えば、コロッケは流れ作業にするといいですね。タネに粉をつける人、卵にくぐらせる人、パン粉をつける人という具合にラインを作って「〇〇家ファクトリー」にするの。

作業をしていると、おしゃべりが弾《はず》みます。

子どもの学校での話も聞けるし、お父さんがフッと、子どもの頃の話を始めることもあるかもしれない。こういう共同作業って、人を童心《どうしん》に帰らせるパワーがあるから。

そうして完成した料理、うまくできたらもちろん最高だし、もしコゲてしまっても、「みんなで作った」というだけで美味なはず。

そんな食卓で、家族だんらんを満喫《まんきつ》しましょう。

食卓だけではなくて、食後も「だんらん」は続くもの。皆でトランプをするのもいいし、今なら、子どものゲームをやらせてもらうのもいいかも。

子どものほうが詳しくて、親が教えてもらうという構図はなかなかないから、子どもも喜びます。

お気に入りの映画を鑑賞するのもいいですね。「今日はお父さんの思い出の一本」「今日はお母さんのお勧めの作品」というふうに持ち寄るのも楽しそう。

夏ならベランダに出て、遠くに上がっている花火を見る、なんてプチイベントもステキです。

家族との時間を味わえるのは、夜ならではの贅沢。仕事や家事などの用事ではない、おしゃべりや遊びの楽しさを共有しましょう。

49 「何でもない日」にケーキを買って帰る

お正月やクリスマス、結婚記念日や誕生日。そういう特別な日に、プレゼントやケーキを買って帰るって、ステキですね。

でも、「何でもない日」にそれがあると、もっとうれしいですよね。

子どもの頃、お父さんやお母さんがケーキを買ってきてくれると、とてもうれしい気分になりませんでしたか？

「ふだん」の日の、「ふだん」と違うこと。

予期しないぶん、特別な日以上に気分が上がります。

「えっ」という驚きと、「わあ～！」といううれしさがセットになると、喜びは何倍にもなるんですよね。家族のそんな「わあ～！」と、そんな家族の顔を見る自分のワクワクを、同時に味わってしまいましょう。

特別な日のような、豪勢《ごうせい》なものでなくてもいいんです。

ご主人の好きなお店のシュークリーム、お子さんの好きなケーキ。

「帰り道でふっと目についたから買ってきたのよ～」ぐらいが、ちょうどいい感じ。

帰ると同時に「今日ね、お楽しみがあるよ」と言って出すもよし、ギリギリまで黙っておいて、食後に「デザートがありま～す！」と言って出すもよし。家族の喜ぶ顔が、あなたをハッピーにしてくれます。

たま～に例外もアリ。

娘さんがダイエット中だった、とかね。

「なんで誘惑のモトを買ってくるの？」

なんて言われてしまうことも、あるかも。

でもね、あなたが「家族といっしょにハッピーを味わいたい」という気持ちを持っていれば、後々に絶対、娘さんの「ハッピーな思い出」になるんです。「あのとき、おもしろかったなあ」って、微笑《ほほえ》ましく思い出すに違いありません。

もしダイエット中だとわかったら、かわいい雑貨とか小物とか、別のプレゼントにすればいいだけのこと。

「特別じゃない日のプレゼント」、気が向いたときにぜひ！

50 「おうちカフェ」で一人時間を楽しむ

家族と楽しく過ごす時間と同じくらい大切なのは、「一人になる時間」。

家族が寝静まったあと、一人でホッとしたい夜、ありますよね。

そんな夜は、**「おうちカフェ」**を楽しみましょう。

お仕事をしている人なら、帰りの「寄り道カフェ」ができるけど、ずっと家にいる人にはそれも難しいはず。だったら、おうちをカフェにしてしまえばいいんです。

おしゃれなランチョンマットを一枚敷くだけで、気分がガラリと変わりますよ。

家族用のものとは別の、自分一人で楽しむためのお気に入りのものを用意しておくのがお勧め。好きな音楽を、小さな音量でかけてみるのもいいですね。

そして、お気に入りのコーヒー豆を挽《ひ》いたり、香り高い紅茶を陶器や銀器のティーセットで楽しんだり。

好きな飲み物を、心安らぐ空間で。短くても豊かなひとときになるはずです。

51 キャンドルの炎で心を鎮める

ご飯のあとは、夜の眠りに向かう時間。

そのとき、照明が煌々《こうこう》とついていると気持ちが休まりません。

ご飯が終わった段階で、リビングの照明を少し落としましょう。

オンオフのスイッチ式になっていて調光ができないなら、キッチンの灯りを消すだけでもかなり違います。もしくは、リビングのメインの照明をオフにして、テーブルサイドのスタンドランプだけ点《つ》けるのもいい方法。

寝る直前、キャンドルの炎《ほのお》を楽しんでみるのもいいですね。テーブルにキャンドルホルダーを何個か置いて、炎をじっと見ていると、とてもくつろいだ気持ちになれます。ゆらぐ炎には「f分の1のゆらぎ」というリズムがあって、心を鎮《しず》める作用があるそうですよ。ガラス製のキャンドルホルダーを使うと、周囲にキラキラと光の模様ができて、とてもキレイ。ロマンチックにゆらめく明かりを楽しみましょう。

52

「情報オフ」の日を作る

「帰ってきたときは元気だったはずなのになあ、なんだか疲れが出てきた」

「せっかく早く帰れたのになあ、なんで家で疲れてるの？」

と思うこと、ありませんか？

この原因、すっごく身近なところにあります。

テレビやネットが発する「情報」に疲れているのです。

気分転換にテレビを見たり、ネットサーフィンをしたりする人、多いですよね。本人はリラックスのためにしているはずなのだけれど……。

意外に、体と心が消耗します。一つひとつの情報は周波数を発しているので、知らず知らずのうちに、低い周波数が心を侵食《しんしょく》してしまうのです。

もちろん、見たい情報を選んで、必要な時間だけオンにしているなら、何の問題もありません。でもたいてい、そうはならないですよね？

見たい番組が終わっても、そのままテレビをつけてしまうこと、ありませんか？

ネットも、知りたい情報はとっくにわかったのに、なんとなくリンクのタイトルに乗せられて次々見てしまう、なんてことも多いかもしれません。

自分の閲覧履歴を見ると、びっくりするはず。知らなくても全然困らないことを、どんどん追ってしまっていたりします。

知ったことで周波数が下がってしまう情報も多いですよね。痛ましい事件とか、スキャンダルとか……。時事問題や国際問題のニュースでさえ、受け取り過ぎないほうがいいと私は思っています。見ることで周波数が下がることも、少なくないからです。

そういうわけで、ときどき意識的に静けさを確保してみてください。

音ではなくて、情報がない静けさをね。

例えば週に一回、**「テレビとネットを全く見ない日を作る」**。

その日は、スマホの電源もオフ！

最初は物足りないだろうけど、そのうちふっと気づくはず。

この空白こそが安らぎだったのだ、と。

しっかり休めて、翌朝も元気いっぱいになれるはずです。

53 バスタイムで今日の疲れをほぐす

バスタイムは、一日の汚れや疲れを洗い流す、浄化のひととき。

だからこそ、贅沢な時間を過ごしたいもの。

例えば、天然の素材を凝縮した精油。エッセンシャルオイルの香りは癒し効果抜群です。実際、香りごとに違った効能があって、古くは医師が治療のために使うこともありました。

そんなオイルを垂らしたバスタブで、存分に体をリラックスさせましょう。

特に、脚のケアを念入りに。一日働くと、膝《ひざ》から下がパンパンになっているはずですから、優しくマッサージしましょう。

脚以外でもいいですよ。腕でも腰でも、疲れているなあ、と思うところをほぐしてあげて。そのとき、**「今日はお疲れさま」と、自分に声をかける**とさらにベター。

きっと、心もゆるりとほぐれますよ。

54

「無心になれること」をして過ごす

一人で過ごす夜の時間は、思い切り「好きなこと」を楽しめるひとときでもあります。

あなたの好きなことは、何でしょう？

編み物？　刺繍《ししゅう》？　ピアノ？　それとも読書？

金曜日とか、週末とか、少々夜更かししても大丈夫な日に、**何でもいいから、無心で楽しめることを一心不乱にやってみましょう。**

この「夢中」の感覚って、大人は忘れてしまいがちなんですよね。

用事ばかり多くなって、「好きだから、ただただやりたい」ことが、つい後回しになってしまうから。

静かな夜に、ときどきそれを思い出してほしいんです。

「そうだ、私ってこれが好きなんだ！」ということを実感するの。

また、「大人になったら、好きなことがなくなってしまった」という人もいますよね。

子どもの頃はお絵描きに夢中になれたけれど、今は別にそれがしたいわけでもないしなあ……なんて人も多いはず。

そういうときはね、休養が必要です。それも、頭の休養ね。

用事に追い立てられる毎日って、体だけではなくて、頭が疲れるんです。追われているうちに、「楽しむ」とか「夢中」とかに使う回路が何年間もほったらかしになって、さびついてしまうの。

そんなとき、「好きなことを見つけなきゃ」と思うのはダメですよ。

「〜しなきゃ」はそもそも、好きとは違うから。

頭を休めるには、ボーッとするのがいちばん。何にも考えないで、ゆったり音楽を聴いたり、外に吹く風の音や、虫の音に耳を傾けたり。

「何にもしない時間」を持つと、頭の疲れが取れます。

すると、**「好き」のアンテナが復活**します。ある日ひょっこり、夢中になれることと出会えるかもしれませんよ。

55 寝る前の「10分間だけ」勉強してみる

たとえ「好きなこと」がない人でも、「何かを勉強したい」という気持ちはあるのではないでしょうか？

歴史に詳しくなりたいとか、英語を話せるようになりたいとか、マナーを学びたい、とか。

こういう「勉強」って、まとまった時間がないとできないって思いがちですよね。でも違うんです。**一日に10分あればいいい**んです。

「好きなことをひたすらやる」のと違って、勉強はあまり、根を詰めてやらないほうがいい。

「来年、大学を受け直す」といった明確な目標があるなら話は別ですが、ちょっと知りたいこと、身につけたいことを学ぶなら、ここは**気負わず、短時間をちょっとずつ積み重ねたほうがいい**でしょう。

短時間だからこそ中身が濃くなる、という効用もあります。

英語を10分間ひたすら聞く、歴史の本を10分読む、という具合にタイムリミットを設けると、それだけ集中力が上がるからです。

そんな集中タイムを、「寝る前」に設けるのがポイント。寝る直前に学んだことって、記憶に入りやすいんです。

短時間で、効率よく知識が身についてしまうなんて、お得ですよね。

あ、でも、タイムリミットは「絶対」ではないですよ。

10分じゃ物足りないなら、快適な長さに調整してみてください。

30分……40分……まだまだ読んでいたい！　と思うなら、それはもう、「好きなことをひたすらやる習慣」にシフトしていいかもしれません。

何はともあれ、「勉強」って、いいものです。

なんだか義務みたいなイメージがあるけれど、興味のあることを学ぶのは、自分を大事にすることでもあります。

「用事だけして終わったなあ」ではなくて、「自分のために知識をつけたぞ」と思うこと——それが、自信と誇りのモトになるんです。

56 「たまの夜更かし」でお祭り気分を味わう

好きなことにしろ、勉強にしろ、「集中スイッチ」が入ってやめられなくなることが、ときにはあるはず。

楽しい、おもしろい、乗ってきた、止まらない……。

夜は、そういうスイッチが入りやすい時間帯でもあるんです。

これ、とっても宇宙と波長が合っている状態だから、中断しなくていい。

常識的には、これはＮＧですよね。「明日は仕事があるのに」とか「お肌に悪いよ！」とか、理性の声が聞こえてきそうですよね。

でも、そんなの無視しちゃえ！

気が済むまでやって、心地よい疲れとともにベッドにもぐり込んだら、その分ぐっすり眠れます。むしろ続けたいのに中断するより、睡眠の質が高くなることも。

「でも、趣味や勉強ならともかく、録りためたドラマを見ることや、ゲームはどう？

これで夜更かしするのはダメですよね？」

なんて声も聞こえてきそうですね。

うーん、どうだろう……私は、「OK！」って言いたいなあ。

日頃がんばっている人――仕事や家事をきっちりこなしている人は、知らず知らずのうちに、頭が緊張しがち。

ときどき「思いっ切り緩める」イベントをしたほうがいいんです。そうしないと、緩め方自体を忘れてしまうから。

思い切り緩めるって、どういうことかというと……。

「世の中でダメっていわれていることを、やっちゃうぞ！」みたいな**お祭り気分を味わうこと。**

ただし、お祭りだから、毎日やることではありません。

日常化させると睡眠リズムが狂ってしまう。それに、「ダメなことをやっている」という気分が続くと、どんどん周波数が下がってしまいますから。

つまりは、用法・用量を守るのが大事。

それを踏まえて、たまの夜更かし、楽しんで！

57 「今日よかったこと」をベッドの中で思い出す

ベッドに入る前、もしくはベッドに腰かけながら、**「今日も一日よくやったね」**と自分に声をかけましょう。

さて、ここで復習です。朝も、自分に声をかける習慣、ありましたよね。

そう、「今日も一日、自分を大切にするね」でしたね。

さて、大切にできたかな？　できなかったことも、少しはあるかもしれません。

でも、いいんです。がんばったあなたも楽しんだあなたも、ちょっと無理したあなたも全部ひっくるめて、感謝しましょう。

ベッドに入って照明を落としたあとは、**今日あった「よかったこと」「ラッキーなこと」を思い出してみて。**「ランチがおいしかった」、「夜空がキレイだった」など、小さなことでOK。最低1個、できれば3個。いくつも思い浮かぶなら、それもOK！

ほっこりして、宇宙の周波数に近づきますよ。

58 「宇宙におまかせ」して眠りにつく

体も頭も眠りについて、意識がオフになる時間、宇宙はあなたのために働いてくれます。もし、あなたが眠る間に「なんとかしたい！」と思うことがあったら、それを言えば、なんとかしてくれます。

「肩コリがつらいなあ」でも、「明日の仕事、A案とB案、どっちでいこう？」でも、「あの人とのつきあい方、これからどうしていけばいいのかなあ」でも何でもOK。

困りごと、悩みや迷い、ぜ〜んぶOK！

寝る直前に宇宙に投げれば、翌朝、その答えがフッと降りてきます。

私はこれをしょっちゅう経験してます。私の場合、言葉では来ないんです。エネルギーの塊《かたまり》がポンと降りてきて、「あっ、そうか」と言語を超えたところでわかる感じかな。たとえていうなら、叡智《えいち》の圧縮ファイル。

スゴい！　と思われるかもしれないけど、みんな直感で何かを感じているときって、そうじゃないですか？　だから誰でもできることなんですよ。

宇宙と回路が通じていることを知らないと、悩みごとも「自分で解決しなきゃ」としか思えないですよね。そうすると、宇宙のサポートを自分から拒否しているのと同じ状態になってしまいます。

一方、「お願いしているのに教えてもらえない」と言う人もときどきいます。

それはね、宇宙に委《ゆだ》ねていないから。自分の思い通りにしたいがあまり、早く早くって急《せ》かすと、エネルギーが収縮して、受け取る間口が狭まってしまうんですよ。

「どうかどうか、この答えがわかりますように」みたいな深刻な感じだと、逆効果ということ。「宇宙様～」って崇《あが》め奉《たてまつ》ったりもしないで、「宇宙、知りたいことがあるんだけど……」と軽く投げかけて、いつ答えが来るかなんて忘れてしまうくらいでいいの。

そうすれば想像以上に、想像を超えたところから答えがもたらされるなんてことが日常的になります。「お祈り」でも「お願い」でもなく、**「必要な情報を引き出しますよ～」って、宇宙にお知らせする**感じ。

あとは、翌朝のお楽しみ。宇宙の叡智に、気軽にアクセスしましょう！

5章

ストレス知らず！
人との関係がラクになる習慣

59 「すみません」より「ありがとう」を口ぐせに

人に親切にしてもらったとき、なんて言いますか？
「すみません」と言っている？　ん〜、それはどうなんだろう。
何にも悪いことをしていないのに、なんで謝るんだろう？
このときの「すみません」を翻訳すると、こうなります。
「私はあなたに親切にしてもらえるような人じゃないのに、ごめんね〜」
……自分のこと、下げてますよね？
これでは、宇宙と周波数が合いません。
では、代わりになんて言ったらいいでしょうか。
こういうときに伝える言葉、なんでしたっけ？
——そう、**「ありがとう」**ですよね。
この言葉を翻訳すると、こうなります。

「あなたの親切って、とっても貴重だよ」

つまり、相手のしてくれたことを、尊重する言葉。

相手も気持ちがいいし、こちらの気持ちも明るくなって、周波数もパッと上がります。

もう一つ、「ありがとう」って言う場面、ありますよね。そう、ほめられたとき。「その髪型、いいね！」「字がキレイだね、いいな～」なんて言われたら、何と答えますか？　反射的に「いえいえ」「そんなことないですよ～」なんて言っているのだとしたら、その習慣、ストップしましょう。

ここも「ありがとう」と言うのが正解。

相手だって、否定されるより喜ばれたほうがうれしいから。

同時に、あなた自身の価値も肯定することができます。

ほめてくれたり、親切にしてくれたりする相手の行為って、「愛」ですよね。それに対する「ありがとう」は、「受け取りましたよ！」「あなたの気持ちを尊重しますよ！」という、これまた愛のメッセージ。

愛は、宇宙の本質とイコール。その周波数で、相手との距離が縮まります。

60 「プラスの前提」に立って言葉をかける

友達や同僚、家族など、近しい相手に大事な話をされたとき、あなたは何て答えますか？　例えば、「退職して資格に挑戦したいの」とか、「好きな人に告白したいの」とか、ちょっと大きな決意を話してくれたとき。

その状況にもよると思いますが、こういう場面であなたがいつも、

「でもそれ、ちょっと難しくない？」

「傷つくかもしれないよ？」

といったマイナス面を先に言ってたら、ちょっと立ち止まってみて。

あなたは、相手が大事だから、傷ついてほしくないんですよね。

その気持ち、よ～くわかります。

でもね、「失敗したら」「傷ついたら」ばかり考えるのって、どうなんだろう？

あなたは、相手が「うまくいかない」前提に立っていませんか？

もっと**プラスの前提に立ってあげてもいい**のではないかな？

「この人には、幸せになる力がある」って。

相手だって、宇宙に愛されている存在ですから、宇宙の無限の可能性を受け取っていいに決まっています。その前提に立ったら、こんなふうに答えられるはず。

「あなたなら、きっとできるよ」

不思議なことに、近しい相手って、こちらが抱く思いをそのまま実現させてしまうの。「できないだろうな」と思っていたらできないし、「できる！」と思えばできる人になる。親子なんて、特にそうです。

お母さんが「この子には無理」と思っていたらやっぱりできなくて、「この子はできる」と思えば、グングン伸びるんです。

そりゃ、あなたが「できる」と思ったり言ったりしたことが、ぜ～んぶ実現する、なんてわけにはいかないけれど……。

「どんな人も幸せになる力がある」ということは、絶対不変の宇宙の法則。

だから、相手を信じて接してみてください。

すると相手の周波数が上がるし、こっちもハッピーになれるから。

61 相手に興味を持ってビビッドに反応する

初対面の人や、出会って間もない人と話をするとき、「会話が続くかな？」と心配になりますよね。

世代が違ったり、ファッションのテイストも全く別世界だったりして、「この人とは遠いわあ……」と思う相手だったら、ますます不安になると思います。

でも、心配ご無用！　「遠い」「違う」と思う相手ほど、話せることは多いものです。

だって、「違う」ということは、それだけ「未知の世界」があるってことだから。

それを、**「知りたいな」「この人の持っている世界に触れてみたいな」と、興味を抱けばいいんです。**

興味を持つと、質問したくなりますよね。

「お酒強いんですねー。ふだんから日本酒派ですか？」というふうに。

ポイントは、「相手はこれを大事にしているのだろうな」「これが好きなんだろうな」というところを聞いていくこと。

人は、自分が「好き！」と思っていることについて語るのが大好きだから、聞いてもらえると、とってもうれしいもの。

きっと、喜んで日本酒のうんちくをどんどん語ってくれます。そうなったら、さらに質問を重ねてみて。

日本酒のどんなところが魅力なのか、どんな店によく行くのか、どこの蔵元《くらもと》にどんな特色があるのか……など、い～っぱい聞くことが出てくるはず。

相手の答えにも、「へえ、そうなんですか！」と、ビビッドに反応してあげると、会話がポンポン弾みます。あなたも、日本酒という新しい世界についての知識を得ることができて、いいことずくめです。

相手が「大好き」と思っていることを大事にしてあげるのは、親愛の情の表われです。

相手もきっと、あなたに親近感を抱いてくれますよ。

62 人は「あなたがイメージしたとおり」の人になる

依存してくる相手がしんどいって思うこと、ありますよね？　それはね、あなたが相手のことを、「助けてあげないとダメなんだ」と思っているからなの。

人は、こちらが抱いたイメージどおりになる――人間関係の不思議な法則。

イヤな人と思えばイヤな人に、しっかりしていると思えばしっかりする。

そして、頼りないと思えば頼りなくなってしまうんです。

相手に言ってなくても、そうなってしまうんですよ。例えば……。

「この人は弱い人だから、助けてあげないといけないけど、最近連絡してないな～」なんて思っていると、あら不思議。たまにかけた電話の向こうの声が、妙に弱々しかったり、「なんで電話くれないの」といった感じの、非難がましい響きになったり。

あなたの罪悪感がそのまま実現してしまうのです。

だから、人間関係では、その逆を思えばいいの。**「この人は、自分の力で幸せにな**

れる」って。宇宙の法則どおりのことを、信じればいいんです。友人でも兄弟でも、年老いてきた親でさえ、そうですよ。

実は、私にも経験があるんです。両親が年齢を重ねて、体が弱ってきたとき、「私が助けなきゃ」と必要以上に背負い込んでいたら、どんどん荷が重くなって、気分も体調も下がってしまいました。

そこで、「ここまではやるけれど、この先はやらない」「両親も自分たちでできることをやれるはずだ」という線引きをしました。あくまで、心の中でね。

そうしたら、言葉で伝えてもいないのに、両親は元気になってきて、自分たちだけでもある程度できるようになってきたんです。こちらの信じたことが、やっぱり現実化した。**信じることは、相手の力を引き出すこと**なんですね。

元気だった頃と全部同じようにはいきませんでしたが、それでもヘルパーさんたちの力も借りながら、みんなにとってベストな状態に収束していきました。

いいヘルパーさんや、いい病院にも恵まれました。

無理するより、自分にできることだけして、あとは相手を信じること。

それだけで人生はうまく回るようになります。

63 助けは求めても、依存はしない

今度は、立場を逆にして考えてみましょう。

助けてもらいたいときは「助けて〜」と、人に頼んでいいんですよ。

「えっ！　それって依存じゃないの!?」と思いましたか？　いえいえ、違うんです。

「助けて」と言ってもいい。でも、全部おっかぶさってはいけないんです。

基本は、「自分の足で立つ」こと。そう、「自分は自分の力で幸せになれる」から。

これが大前提です。

そのうえで、**「ここは助けてもらいたいな」というポイントを見定めて、その部分だけお願いする**。できる範囲・できない範囲を自分で判断することが大事なんです。

この判断がないと、依存モードに入ってしまいます。

依存って、「自分には力がない」が前提だから、やみくもに相手に頼ってしまうの。

範囲を決めていないから、ちょっと助けてくれた相手に全力ですがって、どんどんエスカレートすることになります。

人のアドバイスを受けるときもそう。

自立している人なら、「決めるのはあくまで自分、アドバイスは参考」というスタンスが取れるけれど、依存する人は、頭から信じ込んだり、すがりついたり。

これでは、相手も困ってしまいますよね。

もう一つ、依存とは違うけれど、やっぱり危ないのが「がんばり過ぎ」。

「全部自分で背負わなきゃ」と思い込んで、アップアップになって、ある日ポッキリ折れるタイプ。

これ、正反対に見えるけれど共通点があるんです。

どちらも、「私には宇宙がついている!」ということを忘れているんだよね。

宇宙がついているからこそ、人は自分の力で幸せになれるんです。それを忘れると、一人でがんばったり、依存したりしちゃうの。

人を信じるように、自分のことも、ちゃんと信じてあげましょうね!

64 「みんな違って、みんないい」と尊重する

「人はみんな、自分の力で幸せになれる」と同じぐらい、と～っても大事な前提がもう一つあります。

それは、**「人はみんな違う」**ということ。

当たり前に思えるけれど意外と難しいんです、この前提に立つの。

例えば、子どもが「役者になりたい」と言ったらどうしますか？

「夢みたいなことを言ってないで、まっとうに就職しなさい」と言いたくなる人もいるかもしれませんね。

それは「安定した生活こそ幸せ」という、親である自分の価値観を「正しい」と思っているからですよね。でも、「本当にやりたいことに挑戦する人生こそ幸せ」という価値観もあっていいはず。

たとえ親子でも、価値観は違うんですよ。それをきちんと認めてあげましょう。

もし子どもが好きな方向に進むなら、その決断も尊重してあげてほしいし、そういうときこそ「あなたなら、きっとできるよ」と相手を信頼することもできるはず。

親子に限らず、価値観が違う人って、世の中にはたくさんいます。

でも、頭から否定しないで、「みんな違うんだ、こういう人がいてもいい」と頭に入れておくと無駄にイライラしないで済む。

その前提で生きていると、いざ別の意見と向き合ったときに、「正しい・間違っている」の戦いではなくて、**「違いがあるよね、どうしようか？」という、共同作業**ができるようになります。

人間関係の対立って、結局は価値観の相違から来ていることがほとんど。

そこをいかにスムーズにクリアするかというポイントが、「人はみんな違うんだ」という前提に立つことなんです。

あなただって、あなたの価値観を尊重されたらうれしいように、相手も価値観を尊重されたら心を開いてくれます。

65 「愛されたい気持ち」を肥大化させない

恋をしているときって、楽しいはずなのに苦しくなりますよね。

不安になったり、やきもちを焼いたり、束縛したくなったり。

「私のこと好き？」「どこが好き？」と何度も聞いてしまったり、わざと相手が困ることをして、愛情の度合いを試したり。

相手の対応が少しぞんざいだっただけで、「もう私のこと好きじゃないの？」と気に病んでしまったり。

こんなふうになってしまうの、若い人だけとは限りません。何歳になっていても、人生経験を積んだ大人でも、グラグラゆさぶられてしまうんです。

それには、理由があります。

恋愛という感情には、**「愛する」よりも「愛されたい」気持ちのほうが肥大化しやすい特徴があるからなんです。**

これはもう、しょうがない。

「いい年して、大人気ない」なんて自分を責めないで、グラグラ動揺しちゃう自分も、受け入れてあげましょう。

その一方で、同時に、「この人をちゃんと好きかな？」「愛してるかな？」にも意識を向けてみて。

「もっと私を愛してよ～」に傾きがちなバランスを「私、あなたを愛してるよ」の方向へ戻してあげましょう。

ここが素敵、ここが好きって考えるのは、ヤキモキするより、ずっと楽ちんでハッピー。相手にとってもハッピーです。

「愛してよ～」のモードは、相手から「奪う」周波数だから、「あの人といると、なんか吸い取られるなあ」という感覚になるけれど、**「愛してる」は、「与える」周波数**だから、とてもリラックスできるんです。

夫婦間も同じ。

「もっと家族を大切にしてよ」から、「この人のことが大切」に意識を向けるのが、夫婦円満の秘訣《ひけつ》です。

66 正直な気持ちは「早めに」「サラッと」言う

前の項目の話、誤解を招いてしまう前に言っておきますね。

決して「不満があっても我慢しなさい」ということではないんです。

むしろ逆。思ったことは我慢せずにすぐ出しましょう。

「寂しいな〜」「その言い方、悲しいな〜」といった具合に。

それを、「あなたのそういうところ素敵！」みたいな、ポジティブなほめ言葉と同じトーンで言ってみましょう。

サラリとした感じで、明るく伝えるのがポイントなんです。

我慢を重ねると明るく言えなくなるから、たまらないうちに、早めにこまめにね。

そんなにこまめに言ったら、相手がしんどくならない？　という心配はご無用です。

「寂しいな〜」「悲しいな〜」は、「だからこうしてよ」といった相手にプレッシャーをかける言葉とは違い、こちらの気持ちを、ただ率直に伝えているだけだから。

あ、もちろん、要望があったら伝えていいですよ。

ただし、「もっと優しい言い方してよ!」という命令や、「なんでそんな素《そ》っ気《け》ない言い方しかできないの?」などの詰問《きつもん》はNG。

「もっと優しい言い方をしてほしいな〜」と、これまたサラッとリクエストしましょうね。

え? 違いがわからない? OK、説明しましょう。

「サラッと」のほうは、「相手を変えてやるぞ」「コントロールしてやるぞ」という思いが入っていないんです。

こちらが送った要望を相手が受け入れても、受け入れなくても、そこから先は相手の領分。

こちらはただ、思ったことを伝えるだけ、ということなんです。

これなら、相手も「しんどい」とは思いません。

素直な気持ちを出せるあなたに、相手も素直な心で接してくれるでしょう。

67 パートナーは「いてもいい、いなくてもいい」

結婚していない人、パートナーがいない人、それを「寂しいこと」だと思っていませんか？

そう思ってはダメだってことではないですよ。寂しいと思う自分も、ちゃんと認めてあげて。

そのうえで、もう一度見つめ直してみましょう。

あなたは本当に不幸なのでしょうか……？

いいえ。**「パートナーがいないから幸せ」なことも、たくさんある**はず。

時間を自由に使えるし、部屋でのんびり好きなように過ごせるし、趣味にも好きなだけ打ち込めるし、ケンカをすることも、やきもちを焼くこともない。いいこと、いっぱいあります。

「そっか！　やっぱり恋人なんていなくていいよね！」と思いましたか？

では、別の方向からも考えてみましょう。

「パートナーがいるから幸せ」なことも、同じくあるはず。

二人で過ごす時間の楽しさや、苦しいことも分かち合える安心感、ほかにもいろいろ。


つまり、どちらにもそれぞれ、幸せなことがあるということ。

裏を返せば、ストレスもそれぞれあります。

それなら、**「どっちが幸せ？」なんて比べないで、それぞれが、それぞれの幸せを楽しめばいい**のではないでしょうか？

シングルなら、シングルの幸せを。

パートナーができたら、その幸せを。

結婚したら、その幸せを。そのときどきを満喫すればいいのです。

そう、「恋人なんていなくていい」じゃないんです。

「いてもいい、いなくてもいい」

これがベストなんですね。

68 「別れ」を告げられたときの心の持ち方

大好きな人に別れを告げられたら、世界が真っ暗になりますよね。

宇宙はあなたを全力で愛しているはずなのに……どうしてこんなひどい目に遭わせるのかしらね？

そこには理由があるんです。

宇宙は「その人じゃないよ」と、あなたにサインを送っているんです。

私もこれまで、フラれちゃった人を何人も見てきたけれど、「それでよかったんだ」と、あとになってわかります。

フッた人のその後の消息を聞いて、「結婚してたら大変なことになってたね」ってこともあるし、フラれた本人が、その後もっと素晴らしい人と結ばれることもあるし。

フラれた直後は悲しさでいっぱいだから、そんなこと言われてもピンとこないかもしれない。

でも、「宇宙がこれから、もっといいことを用意してくれているんだ」ということ、頭の隅で思い出してみて。

真っ暗な心の中に、ちょっとだけ光が差しませんか？

「でも、おかしいよ！　別れたほうがよかったのなら、出会わなくてもよかったじゃない」と思うかもしれません。そこにも、理由はあります。

その人といっしょにいたことによって、あなたの自分らしさが開花したり、新しい視野が広がったり、何かしらいい変化が起こったはず。**その人と出会ったことにも意味があるん**です。最終的にいっしょになれなかったとしてもね。

宇宙は、あなたの出会いや別れを通して、あなたをベストな道に導いてくれます。一見ひどいことをするようだけど、それも必要な過程なの。

だから、宇宙を信じていて。

「好きな人といっしょになれない人生なんて」とか「私はご縁がないんだ」なんて決めつけると、宇宙がくれる新しい出会いを見落としてしまいます。

逆に、**「もっと大きな幸せに出会えるんだ」**と信じていれば、それが実現します。

今はつらくても、未来を楽しみにすること、忘れないでください。

69 「5秒待って譲る」――小さな愛の習慣

エレベーターの「開」ボタンを押して、ほかのみんなを先に降ろしてあげる。

交差点で右折車を先に通してあげる。

そのためには、5秒ほど待ってあげないといけないですよね。

そのとき、「面倒だ」なんて思わないで、譲ってみる。

すると、その途端に宇宙とつながります。

なぜかって？　それは「愛」の行為だから、宇宙の周波数と同調するんですよ。

ごくごく小さいけど、愛は愛でしょ？

プラス、相手がよっぽど変な人でない限り、「ありがとう」という感じで会釈《えしゃく》してくれますよね。こちらも感謝という名の愛を受け取れるの。

街なかには、そういう**「小さな愛」を贈るチャンス**がたくさんあります。

見知らぬ人に小さな親切を贈って、宇宙と周波数を合わせましょう！

70 メール、LINEは「手短に」

友達に送るLINEも、仕事先に送るメールも短いほどいいです。長過ぎると、相手が読むだけで疲れてしまいますから。

ビジネスメールは特にそう。丁寧に言葉を尽くすより、**手短に必要な情報をパッと伝えるのが、「いいメール」**なんです。

手紙なら必ず入る時候の挨拶も、必要ナシ。

「寒い日が続きますが、お元気にお過ごしでしょうか」みたいなメッセージもいりません。「お世話になっております」のあと、いきなり本題に入ったほうが、相手も楽です。

もしどうしても言いたいなら、末尾に1行添えるのが正解。

そんなわけで、メールって用事以外の部分は5行もあれば十分です。ただ、その5行の中で、どこかに「感謝」はあったほうがいいですね。

「先日はありがとうございました」とか「非常に助かりました」とか。

「迅速なご対応、感謝いたします」などと、ほめるのもいいですね。

短いことは、「素っ気ない」という意味ではありません。短くするのは、相手に時間と労力をかけさせないという「愛」だから。

愛のあるメールは、どこかに気持ちがこもるもの。それを端的に表わすのが、お礼やほめ言葉なんですね。

では、友人へのLINEはどうでしょう。相談ごととか悩みごとなら長くなってもしかたないけど、ちょっとしたおしゃべりなら、やはり5行以内にしたいですよね。

気をつけたいのは「気遣い」の言葉がやたら長々入ってしまうこと。

「忙しいなか、誘っちゃってごめんねー。無理だったら、遠慮しないで断ってくれていいからね。でも久しぶりに会いたいのもホントです。だから……」なんていらない、いらない。

友達なら、あなたの気持ちは、言わなくてもちゃんと伝わっています。

用事だけ伝えて、「都合が合ったらぜひ！」でOK。

打つのも楽だし、読むのも楽。これがいちばんです。

71 誰かに「教えを請う」ときのマインドセット

あなたがもし「すごく習いたいこと」があって、その世界に憧《あこが》れの講師がいるとしたら、スタートダッシュが大事です。

最初は「徹底的に学ぶ」、ということを心がけて。

「無料体験コース」で少し様子見、なんてことしないで、最もしっかり教えてもらえるコースに申し込みましょう。少しお金をかけてでもね。

中途半端な始め方だと、教えの「コア」の部分、つまりいちばん大事な本質にたどり着くまでに時間がかかってしまいます。

それに、「おっかなびっくり」な感じだと、先生のほうも「もしかすると、冷やかしなのかも」と思うかも。

「そんなに熱心ではないんだな」と思われたら、教え方も熱心ではなくなる——とまでは言わないけれど、もっと熱心なほかの受講生を優先するでしょうね。

だから、ちゃんと時間もお金もかけて、学んだほうがいいんです。

質問もいっぱい、投げかけましょうね。

「私、ここがうまくできないんです」

「もっと○○できるようになるには、どうしたらいいですか」って。

そして、アドバイスを受けたら、すぐ実践&報告。

「やってみたら、うまくできました。ありがとうございます！」って。

密なコミュニケーションを取ると、めきめき上達します。

すると、「卒業」までが早いんです。トータルで見ると、時間もコストも抑えめで済むはず。

さっさと習得して、そこから自分ならではの新しいやり方を見出し、発展していけばいい。

そのプロセスを全力で駆け抜けてね。

それが、成長するための最大の秘訣なんです。

72 「お誘い」をストレスなく断るコツ

親しい友達からの、ランチや飲み会のお誘い。

「この日、ダメだ～。でもこの間も断ったし、また断るのは悪いなあ」と思って、ちょっと無理してOKしてしまうこと、ありませんか？

そんな必要ありません。

「残念！　今ものすごく忙しくて行けないんだ、ゴメン」と言えばいいんです。

罪悪感なんて抱かなくていいの。行くか行かないかは、こちらの自由ですから。

無理してOKしてしまう人は、自分が自由であることを、忘れているんです。

それからもう一つ、理由があります。

人を断れない人は、自分が断られることが怖いんです。

「拒絶されるのが怖い！」と常々感じていると、「ここで私が断ったら、相手はきっとすごく傷つくよね？」と、すごく心配になるの。

でも、考えてみて。

あなたが誘いを断るのは、相手を拒絶しているから？

違いますよね。たまたま都合が合わないだけ。じゃあ罪悪感なんていらないよね、と思っていればいいんです。

相手が断ってきたときも、同じですよ。

相手は都合が合わないだけで、あなたを否定しているわけではないですよね？

お互い、断りたいときは断る関係、とても楽ですよ。

ちなみに、「何度も断ったら、そのうち誘われなくなって、疎遠《そえん》になるかも」と不安になることもありますよね。

それ、いつもの法則で考えてみて。

「3回断ったら疎遠になる」と思っていたら、そうなります。

あなたの罪悪感や恐れが、実現しちゃうの。

でも、罪悪感なんて抱かずに断ったなら大丈夫。

「しかたなく断ったけど、また会いたいという気持ちは変わってないよ！」ということがちゃんと伝わって、関係は続くんです。

6章

気づけばリッチ！
お金がザーッと雪崩れ込む習慣

73

「当たり前にある豊かさ」に感謝する

宇宙の法則って、本当に正直。

「私ってダメだな」と思っていたらダメなことが起こってしまうし、「あの人、困った人だな」と思っていたら、本当に相手が困ったことをしでかしちゃう。お金も同じです。**「お金がない」と思っていると、本当にお金が入ってこなくなります。**

では、どうするか。カンタンです！

ニッコリ笑って、「私って、豊かだ！」と思っていればいいんです。「え、だって今、豊かじゃないのに、どうやって思うの？」という声が聞こえてきそうですね。さあ、考えてみましょう。あなたは今、豊かじゃないのかな？

あなたは、空気を吸っているよね。この空気がないと、あなたは生きられない。窓の外からは日光が差し込んでいるよね。太陽の光がないと、やっぱり生きていけない。ほら、今現在、宇宙から莫大《ばくだい》な恵みを受けているじゃない！

「そんなの当たり前」と思いましたか？　そう、「生きている」っていうスゴいことを「当たり前」と感じるくらい、あなたはすでに、恵まれているんです。

しかも、空気も太陽も、なんと「無料」。

太陽が放つ光と熱のエネルギー、お金に換算したらどうなるでしょう？

それこそ天文学的な数字になりますよね。それを私たち、タダでもらっちゃってる。

これはスゴいことなんだ、って気づくこと。これが第一歩です。

そして、そのことに感謝しましょう。「太陽、空気、ありがとう！」って。

するとね、なんと、お金も入ってきやすくなるんですよ。

宇宙って、無限の豊かさそのもの。そしてお金は、「豊かさ」の一つですよね。

あなたが豊かさの周波数に合わせていると、あなたにも豊かさが出来事として起こってきて、その一要素として「お金が入る」という出来事も舞い込んでくるわけ。

そう、**お金は豊かさの「一部」**なんです。お金プラス、充実感や満足感や、人生を楽しみ、味わう気持ち——さまざまな側面から豊かさが流れ込んでくる。

すると、ますます宇宙と周波数が合っていくの。

さあ、この豊かさの好循環、今すぐスイッチオン！

74 「私はお金に困らない！」と宣言する

「私、お金に困らない」

声に出して、こう言ってみてください。

言うだけで、力がみなぎってきませんか？

お金に困らない人生のイメージ、湧いてきませんか？

「でも私、今現在、お金に困ってるんですけど……」は、ナシですよ。前のページを読んだあなたなら、わかるよね。

あなたは、本当は恵まれている。あなたは、危なっかしくて、弱々しい存在ではなくて、**宇宙に守られた、恵まれている存在**なの。

あなたがそのことに気づけば、この言葉、宣言できるはず。

宣言すると、宇宙がそれを実現させてくれるってことも、もう知っていますよね。

それでね。この言葉、人にも言いましょう。そのほうが、言霊《ことだま》のパワーが上がるから。

会話の中で、お金の話題になって、「モノ要りでしょ？　どうする？」なんて話になったときに、このフレーズを口にしてみて。

「大丈夫。私、お金には不思議と困らないの。困ったことないんだ～」って。

えっ？　そんなこと言ったら自慢だと思われちゃう？

もちろん、信頼できる、親しい間柄の友達に言うんですよ。

それでも不安なら、マイルドバージョンもアリ。

「大丈夫、なんとかなるよ。これまでも、なんとかなってきたもん」

これなら、周りも「え～っ!?」とはならず、「あ、ポジティブな人だな」って思うでしょ？

言っていることは同じなんだけどね（笑）。

今、お金に困っている人ほど、この宣言が大切です。

「実は困らなくていいんだ」というふうに、意識を１８０度反転させましょう。

75 「自分の価値」は高めに設定する

あなたは月々、どれくらいの収入を得ているでしょう。

それは本来のあなたの稼ぐ力に、一致しているかな？

もし手取りの収入が、決して高い金額じゃなかったとしたら。

「まあ、パートタイマーだし、こんなもんじゃないの？」

な～んて思ってないですか？　その考え方はNGです。「私って、こんなもん」という考え方は、ご存じのとおり、この程度の人生を現実化させるだけですから。

「だって、本当にこんなもんだもん」と思ったあなた。

今やっている業務内容や、スキルのレベルや、勤め先のブランド力、みたいなことは、とりあえず全部、脇に置いてください。

「あなた自身」の価値は、「そんなもん」で済むのかな？

本当は、もっともっと価値があるんじゃない？

もし、あなたが子育てしながら、仕事もしていて、朝と夜の家事もこなすお母さんなら、すでにもう、とんでもなくスゴいことをしています。

もし、シングルマザーだったら、なおさらです。たった一人で一家を背負っているうえに、社会のためにも働いているんですから。

だから、**「私、まだまだ受け取っていい」**と思ってみませんか？

「本当は○○○万円くらい、もらえる人間なんだ」って。

「もらいたいなあ」ではなくて、「もらえるんだ」と考えるのがポイント。

「もらって当然」という前提に立つの。

願望ではなくて、自己認識のレベルを高く設定しようね、ということ。

そう思っていると、本当に変わってくるんですよ。

あなたの自己認識に、現実のほうが追いついてくるんです。

逆に言うと、今の収入が高くないとしたら、あなたが「こんなもん」と思ってしまっているから、本来のあなたよりも、現実のほうが低くなっているってことね。

そのズレは、宇宙とあなたのズレでもありますよ。

「私は、年収○○○万円の人間なんだ！」と、宇宙に宣言しましょう。

76 いつでも「大きく構えておく」

「お金がなくなったらどうしよう」と、不安がっていませんか？

それは、本当にそんなに怖いこと？　ちょっと想像してみましょう。

口座の中身がある日ゼロ円になったら、何が起こる？

その場で死ぬ？……そんなこと起こらないですよね。

しばらくはお財布の残金で食べられるし、それがなくなっても大丈夫。

極端な話、試食コーナーで食べていけるかもしれないし、友人のところに転がり込めるかもしれない。働き口だってこのご時世、選びさえしなければ見つかります。

だから、**お金がなくなることを、過剰に怖がらないで**。怖がっていると、チャレンジできなくなるんです。そのせいで可能性の扉が閉じるのは残念！

「死ぬわけじゃないんだ」と思っていい。「何とでもなる」と思っていればいい。

そのくらい大きく構えたほうが、後々大きなお金が舞い込むことにつながるんです。

77 「お金を払ってでもしたい！」仕事をする

あなたが仕事をするとき、目的はどこにありますか？

お金のため？

それとも、あなたのサービスを受け取る人＝お客様のため？

実はどちらも、お金が入ってくる「ドンピシャ」の姿勢ではありません。

なぜかって？　まず、「お金のため」から考えてみましょう。

お金を主目的にすると、お金に振り回されます。

例えば、「売上成績のために何でもするぞ〜」と考えている営業マンは、お客様からどれだけ吸い取るかしか考えなくなって、結局は信頼を失って、仕事も減ってしまうでしょう。

では、「お客様のため」はどうでしょう。

立派な心がけのように思えますが、お客様の幸せばっかり考えていると、いつしか自分をすり減らして仕事することになってしまいます。

じゃ、この二つのどちらでもない、「ドンピシャ」の姿勢って何でしょう?

それはね、**「魂の歓び」**。

「最高に楽しい!」

「最高に自分自身を発揮できる!」

「なんだったらお金を払ってでもいいから、この仕事をさせて!」

と思えるくらいの歓びを感じながら仕事できるなら、それが最も宇宙と周波数が合う働き方なんです。

仕事の目的って、本当はそういうことなの。自分を表現すること、魂を歓ばせること。そういう仕事をしている人は、輝いていて、とても魅力的。

だから、人が集まってきます。

あなたが幸福な気持ちでサービスを提供するから、お客様も幸せ。生き生きしたあなたの周波数が、お客様の周波数までアップさせてくれます。

「あの人の仕事は気持ちがいい」「こっちも元気になる」と思ってもらえて、リピートしてもらえるから、結果として、お金にもつながっていくんです。

78 「自分の心が求めるもの」に意識をフォーカスする

「魂が歓ぶこと」を本当に仕事にしている人もだんだん増えてきましたが、本当はやりたいことがあるのに別の仕事をしてる人もまだまだいますよね。

でもその場合、そんなに根は深くありません。

何がしたいのか、わかっているから。

本気で望むなら、「いついつまでに、こんな仕事をします」と宇宙に宣言しておいて、自分にできる準備を着々と進め、あとは宇宙におまかせしていればいいだけ。

でも、「魂が歓ぶこと」が見つからない人は、つらいよね。

「やりたいことがわからない」って悩んじゃうよね。

私もよく、そういう相談を受けます。

そんな人には共通点があるの。

親とか先生とか、周囲の空気とかに、忖度《そんたく》してしまっているんです。

「何をしたいか」ではなくて、「どうしたら認めてもらえるか」ばかり考えて生きてきたから、自分がどうしたいのかが見えなくなってるの。

だけど、たとえライフワークとしてのやりたいことがわからないとしても、カフェに入って、「何が飲みたいか？」ぐらいはわかるはず。

夜になったら、「今日の晩ご飯、何食べたい？」もわかると思う。

そう、まずは好きなものを食べるということから始めればいいんです。

健康情報とか、親の勧めとか、世の中の流行といった「周囲」に合わせた選択ではなく、**自分の感覚、自分の心が何を食べたいかで決める**の。

食べ物でなくてもいいですよ。

石鹸はどんな匂いが好き？

トイレットペーパーはシングル派？　ダブル派？

食べ物と日用品を入口に、自分に正直になっていきましょう。

そしたら、常に「自分が快適なもの」を選ぶことになるでしょ？　結果、幸せが増えて、宇宙とつながるの。

続けるうちに、トンネルの向こうに小さな光が見えてきますよ。

79 心が豊かになると「意外な展開」が待っている

「これをやりたい！」「これなら魂が歓ぶ！」ということが見つかったら……。

すぐ仕事に直結させようと思う必要はありません。

例えば、「歌手になりたい」と思ったとしましょう。

そういうとき、つい焦って、「歌うことで早くお金を稼げるようにならなくちゃ」と思いがち。

でも、歌を歌うだけで魂が歓ぶのであれば、まずその歓びに素直に従えばいい。極端な話、カラオケに行って歌いまくるだけでもいいんです。

あるいは、小さな音楽会を企画してもいいかもね。

とにかく「歌って楽しい」を、自分にいっぱい、味わわせてあげて。

その幸せが周囲に伝わったら、「この会場でもぜひ歌ってよ！」と頼まれたりして、あとからお金の縁がついてくるの。

場合によっては、お金にすぐ結びつかない人もいるかもしれません。

例えば、昼間は別の仕事をして、夜にライブハウスや、ストリートミュージシャンとして歌っている人。

この人のケースだと、歌で得られる収入は少ないでしょう。それでもいいんです。心が歓んでいるから。歌を歌えているだけで、もうその人は「豊か」なんです。

心が豊かなら、お金がなくたって幸せですよね。

ところが、そこから意外な展開が始まるんです。

心が豊かになったら、宇宙と周波数がますます一致して、ストリートから火がついて、プロダクションの人からスカウトされる、な～んてことが起こるんです！

「そっち!?」ってなることもあるかもしれないけど、それも宇宙の不思議なアレンジメント。

だから「魂の歓び」は、すぐにお金につなげようとしないこと。

歓びが最初、お金は二番目。

まず心が豊かに、あとから財布も豊かに。

お金が来る順番は、いつも二番目なんです。

80 「テンションが上がる」お財布を使う

何年も使って、すり切れて汚くなってるお財布は、金運を逃す元。新しいものに買い替えたほうがいいです。

風水の世界ではよく、「何色の財布は○○運が上がる」などと言いますよね。でも私は、好きな色なら何でもいいと思うな。一般的には「赤字につながるから赤はダメ」らしいですが、「愛情の色だからOK！」という説もあるみたい。だから、あまり細かく考えないで。**「バッグから取り出すたびに、気持ちが上がる！」**と思えるデザインの財布だったら、それがあなたの金運アップ財布です。

いい気分になるって、宇宙と周波数が合うことだから。

もちろん、使いやすさも視野に入れてね。「カードが出しづらい……」みたいな、ちょっとしたストレスもバカにならないから。

デザインと使い勝手を考えて、気分が上がるお財布を見つけましょう。

81 福の神は「キレイ好きの家」にやってくる

家が散らかっていたり、不潔だったりすると、やっぱり運気は落ちてしまいます。

「忙しくて、なかなか片づける時間がないんです～」という人が多いようですが、もしかするとそれは、片づけを難しく考えすぎているからかもしれません。

散らかる原因は、実は単純。出したものを置きっぱなしにするからです。

だったら、**「モノを出したらしまう」をルールにすればいい。**

これなら1分もかからないですよね？

「もう散らかるだけ散らかっちゃって、手のつけようがないんです～」という人も大丈夫。

それなら、プロに片づけてもらいましょう。

家事代行の業者さんにお願いすれば、どんなにスゴいことになっている部屋も、キレイに片づけて掃除してくれます。

ただ、「せっかく片づけても、どうせすぐに散らかしてしまう……」という人もいるかもしれませんね。そんな〝リバウンド〟を防ぐために、もう一つ考えてほしいことがあります。

それは「なんで出したものをしまわなかったのかな」と考えること。

それ、たぶん**動線がよくない**んです。

しょっちゅう使うものなのに、定位置が戸棚の奥で、しかもボックスの中に入っているとか。メモ用紙がここにあるのに、ペンがスゴ～く遠いとか。

それじゃ、置きっぱなしになるのも当たり前。不便な動線をチェックして、徹底改善しましょう。

「だからぁ、忙しくてできないんです～」って人はもう、有給休暇を取っちゃおう！

動線の改善は最初にじっくりプランを立てることが肝要だから、一日しっかり、腰を据えて取り組みましょうよ。

それくらいの価値は十分あります。

我が家を、お金が舞い込んでくる家に変身させましょう！

82 家計簿をつけるなら〝ゲーム感覚〟で

家計簿をつけるの、好きですか？

もしも嫌いだったら、無理にやる必要はありません。

家計簿って、「いかに無駄遣いしなかったか」をチェックするツールですよね。「無駄遣いしちゃダメだ！」と自分を縛って、「しまった、こんなに使っちゃった」と自分を責めて……。

そんなの苦しくて、周波数が下がってしまいます。

ただし、例外もアリ。「今月は赤字？　黒字？　さあ結果発表♪」みたいな感じで、**ゲーム感覚で楽しめるなら、つけたほうがいい**ですよ。

「今月も無駄遣いしなかった私、エライ！」と思って気分が上がる、というタイプの人もそう。

自分が「楽しんでいるかどうか」。これを基準に考えてみてください。

83 お金は「豊かに回していく」

貯蓄って、目的があるほうがうまくいきます。

「いつまでにマンションを買いたい」という目標があって、達成したときのことを思うとテンションが上がる〜！　という人なら、節約もがんばれるし、家計簿が少々苦手だってつけちゃうはず。結果的にお金をしっかり貯めることができるんです。

でも、目的がないなら、そんなにがんばらなくていいですよ。「貯めよう、貯めよう」とばかり思っていると、お金が出ていくことが怖くなって、守りに入ってしまうから。

お金って、「回すもの」なの。「これだ！」と思うことにバーンと使うことで、巡り巡って、もっと大きくなって戻ってくるんです。

漠然とお金がなくなる怖れから「とにかく手元に置いておかないと」と思って貯蓄していると、逆にその恐れが現実化して、思わぬ出費につながります。

84 「本当に価値のあるもの」にお金を使う

「あ、これ、安～い」と、欲しいかどうかもわからないものを、なんとなく買ってしまう癖、ありませんか？

それね、ある意味、お金に失礼。せっかくあなたを豊かにするためのツールなのに、どうでもいいことに使うなんて、お金が気の毒ですよ。せっかくなら、いいものに使いましょう。そうしたら、お金も喜んで戻ってくるから。

あなた自身が価値を置いているもの。本当に欲しいもの、大好きなもの、大切なもの。**少々値は張っても、心から欲しいものを買いましょう。**

そうすると、あなたの周りのものが、全部あなたの好きなものになるでしょ？

素敵なカップ、見るたびにうれしくなる小物や雑貨、何度も読み直したくなる本。

そういうものに囲まれて、気持ちよく生活できたら、それが、お金が入ってきやすい波長になるのです。

85 お金を「有能な召使い」にする

「お金を二番目」にするという話には、いろんな意味があります。

心を歓ばせることから手をつけて、お金のことはその次にする時間の順序は、もう知ってるよね。

もう一つ、あなたの中の「価値」の順番も、二番目がいいんです。

ここでお金を一番目にすると、何が起こると思いますか？

「いちばん偉いイス」に座らせてご主人様にしてしまうと、どうなるでしょう？

お金をご主人様にしている人は、珍しくありません。

「数字を上げろ！　もっと売ってこい！」って怒鳴る上司なんかは、その典型。

数字を伸ばすために、休日返上で働いてしまう人もそうだよね。

なかには、お金を儲けるために汚い手を使って、人を蹴落《けお》とす人もいる。

犯罪にまで手を染めてしまう人もいるよね。

この人たち、み〜んな、お金に振り回されてるの。

お金様がイスにふんぞり返って、「もっともっと俺様を増やせ〜」と駆り立ててくるの。お金をご主人様にすると、お金は暴君になるんです。

だから、二番目に置きましょう。

考えてみたら当然ですよね。

あなたは、お金を「使う人」なんだから、お金より偉いに決まってるんです。

あなたはただ、お金にこう申しつければいいだけ。

「お金さん、私には、魂が求めている、大きな大きな夢があるの。この仕事を通して、たくさんの幸せを生み出したいの。そのためにあなたが必要だから、協力して」というふうにね。

すると、世界がクルッと反転します。

あなたは、全身全霊で幸福を作り出す、気高いご主人様。

そのときお金は「有能な召使い」に変わります。

あなたの夢のために、お金が働く。

そんな主従関係を築きましょう。

86 「世のために使う」とますます豊かさが巡る

ここまで紹介した習慣を実践して、あなたが大金持ちになったとします。

そうしたら何に使いますか？　豪邸を買っちゃう？　それとも宝石？　車？

何に使うにしても、**「世のために使う」**という意識を持ってほしいのです。

「私がお金をたくさん使ったら、世の中にたくさんお金が回って、世の中が豊かになるな～」というイメージを描いて、お金を使ってほしいの。もちろん、寄付や災害支援に使うのも素晴らしい方法です。

この考え方は、「そうすると多くなって戻ってくるよ」とか、「庶民の嫉妬《しっと》をかわすことができるよ」みたいなテクニックとは違います。

あなたが得たお金は、もともと人からもらったものですよね。だったら、それをまた多くの人のために使おうとするのは、とても自然なこと。「世のためにお金を使う」のは、宇宙の豊かさの循環にかなっていることなんです。

7章

なぜか整う！マインドも体も健やかになる習慣

87
「体の声」に耳を傾ける

健康になる方法はカンタン。

体の声に耳を傾けて、それに応えていく。これが第一のルール。

だから、体に「どうしたい？」と聞く習慣を持ってみて。

さて、こう言うと、よく帰ってくる質問がコレ。

「体の声を聞けるなんて、特別な人だけじゃないの？」

「私の体は、しゃべったりしませんよ？」

いえいえ、特別なことではありません。誰だって、体の声は聞けるんですよ。

体の声は、言葉ではないんです。もっともっと、単純です。

例えば、外で忙しく働いたあとの、帰り支度のとき。

「うちに着いたら、まずお風呂にしたい？　ご飯にしたい？」と考えたとき、どちらのほうが「気持ちよさそう！」と感じるでしょうか？

「お風呂を先にすると、家事の段取りがな～」「ご飯を早く作らないと、子どもたちがな～」は、ひとまず保留。

あなたの「感覚」は、どちらを求めてる？

——そう、これが体の声です。

「晩ご飯、何が食べたい？」でも同じことができますね。

「冷蔵庫で肉を解凍してたから、肉を食べなくちゃ」ではなくて、

「今日は魚の気分だ！　よし、サバだ！」が体の声。

これは、魚の味や食感や、その栄養分を、体が求めているってことなんですよね。

この体には今、それが必要だよって。

段取りや効率よりも、できるだけ体の声のほうを優先させてみてください。

すると、体の声はもっともっと、いろんなことを教えてくれるようになるんです。

耳を傾ければ傾けるほど、体の声とつながるパイプがだんだん太くなっていくから。

知恵の流れるこの回路がフルに整ったときは、まるで言葉で言っているかのような詳しさ・確かさで、聞けるようになりますよ。

あなたを健康に導くパイプ、どんどん太くしていって。

88 「自分で治る力」に気づく

私たちは、「病気になったらお医者様に行く」ことを当たり前だと思っています。ですが、何でもお医者様頼みになるのって、意外に危険です。体に備わっている「治る力」を低く見積もることになるから。

私たちの体の力って、本当はスゴいんです。紙で指先を切っちゃった！　というときも、すぐ血が固まって傷口が塞《ふさ》がりますよね？

これが、体に備わっている**「自然治癒力」**。文明社会に生きている私たちは、ついついこの力のことを忘れて、「体からの声」を聞き逃してしまっています。

これを続けていると、体の声とつながるパイプが、さびついていきます。

お医者様なんていらない、と言っているわけではないですよ。

私たちの体には、「自分で治る力」があることを知ってほしいの。

体への信頼——それは健やかさの最強の基盤なんです。

89 健康情報は「ピンと来たもの」だけ採用する

テレビやネットにあふれる健康情報って、スゴいですよね。「○○が効く」と言われたら、スーパーからその食材が消えることも。

でも、意外と移り変わりやすいんですよね。以前は「卵は一日一個まで」といわれていたけれど、今はもっと摂《と》っても大丈夫だっていわれているし、昔は脂肪が肥満の元凶とされていたけれど、今は糖質が悪者だし。

だから、振り回されてはいけません。

ここで大事なのは、やっぱり**体の声**。食べたいものを食べたいときに食べるのがいちばんいいんです。

健康情報も、これまた体の声に従って、**「ピンと来た」ものだけ取り入れましょう。**

「どっちが正しいの～?」ではなくて、「これ、おいしそう」「あ、やってみたい」を基準にしてみましょう。

90 自然に触れてパワーチャージする

自然治癒力の自然って、地球上にある雄大な自然といっしょです。

考えてみたら当然ですね。人間の体も、宇宙が創り出した大自然のうちの一要素ですから。文明社会に生きていると、これ、思い出しづらくなってしまうんですよね。

自然が「スゴい」ということも、つい忘れてしまいがち。

自然って、どういうところがスゴいと思う？

「すっごく大きいこと」

「感動するくらいキレイなこと」

「災害を起こしてしまうくらい、パワーが強いこと」

うん、どれも正解！　でももう一つ、とっても大事なことがあります。

それは、自然が**「ありのままで完璧」**を**体現**していること。

青い海、白い雲、木々の緑……みんな「こうあろう」としていないですよね。

海は「この青色、もっと濃くしたい」なんて思わないでしょ？　雲だって「この形でいいかな、ハート型とかにしたほうがいいのかな」なんて思っていないですよね。木々も「杉なんだけど松に生まれたかった」なんて思っていない。みんな、ただそこにあるだけ。あるがままでいて、宇宙のなすがまま。それでいて、こんなにも美しい。

そう、**自然って、宇宙の周波数を完全に体現しているる**んです。だから、人は大自然の前に立つと感動するんです。自然に触れるだけで、宇宙の周波数に同調できる。だから、心身が癒されて、活力が満ちてきます。

日常生活で自然に触れる機会、一日一回でいいから持ってみて。「大自然」でなくてもいいですよ。庭の植物に水をやるだけでもいいし、ご近所の庭に咲く花を見るだけでもいいんです。

さらに言えば、風に吹かれるだけ、空を見上げるだけ、目を閉じてまぶた越しに太陽の光を感じるだけでも、存分に自然に触れています。

このコンタクトを通して、宇宙の周波数に自分を同調させ、生命力をチャージしましょう！

91 フラッと一人旅に出てみる

ときには大自然に触れるために、旅に出るのもお勧め。

特に、**心の疲れを癒したいときは、一人旅がいい**ですよ。

家族や友人といっしょに行くと、どうしても自分だけのペースでは動きづらくなるから。心が疲れてしまう理由って、自分のためではなく、人のために何かをしているからなんです。「自分のための時間」を作って、思い切り大自然に触れて、日頃の疲れをリセットしましょう。

さて、一人の時間を満喫するには、コツがあります。

現代は情報社会だから、どこの町に行くにしても、その町の名所や、おいしいものが検索一つですぐわかりますよね。

それが「行かなきゃ！」になって、なんだか追い立てられる感じになると、一人旅の効果は半減。

「このお店が有名らしい」「この町ならこの史跡は外せない」なんて思っていると、また頭の中がせわしなくなってしまいますよね？

だから、**あまり情報収集しないまま、フラッと気の向くままに出かける**のがベターです。海を見たいなら、海だけ何時間でもボーッと見ていればいいし、旅館から出ないで、ずっと温泉にだけ浸《つ》かっていてもいい。

体が求めるまま、自分がいたいと思う場所にいればいいんです。

その町の観光名所に自分を合わせるよりも、自分の心と体が求めていることに従うほうが、実はリッチなことなんですね。

自然に触れる以外のことでも同じです。

ガイドブックに載っていないような、地元の小さな神社に行くとか、有名店でも何でもないところでのんびり食事を楽しむとか。

すると、実はその店が地元にしか知られていないような隠れた名店、なんてこともあるから不思議。ちまたにあふれている情報より、自分の感覚に従うほうが、豊かな経験ができてしまうんです。

そんな「自分のための旅」、ぜひ楽しんで。

92 「海」と「温泉」から地球のエネルギーをもらう

大自然の中でも、とりわけ大きなエネルギーを与えてくれるのが「海」です。目の前にある波打ち際から、よその国に続く果てしない広がりまで、同時に視界に入るんですから。水平線が描くほんのわずかな丸みも、地球の形を感じさせてくれます。

それに、海自体の自然治癒力もスゴい。タンカーから油が漏《も》れ出しても、時間をかけて元の美しさを取り戻していくんですから。

さらに言えば、海は無数の生き物を育んでいますよね。そもそも人間を含め、すべての生き物は海から誕生しました。

すべてを受け入れ、命を育む海は、愛の周波数に満ちています。

旅に出たら、そんな海に直接触れてみて。

靴も靴下も脱いで、波打ち際で波と戯《たわむ》れるの。童心に帰って楽しみながら、海の浄化パワーを受け取れますよ。

――でも、冬場はつらいかな？　それなら、温泉に行くのがお勧め。

温泉を、単に「体にいいお風呂」とだけ思ってはいけませんよ。

温泉もまた、偉大な自然の恩恵。地球の深い部分にたぎっている、熱い熱い周波数が溶け込んだ、パワーあふれる水です。

温泉にはその泉質ごとにいろいろな効能がありますが、共通しているのは、人の自然治癒力を目覚めさせる力。

地球の熱いパワーを受け取ることで、体内の活力がよみがえります。

露天風呂なら、さらにいいですね。青空、風のそよぎ、遠くに見える山肌の緑、いろいろな自然を味わい尽くしたいところ。

そんなフルコースもあれば、カジュアルに楽しむ方法もあり。

どこかの町を歩いていて、偶然足湯コーナーを見つけて、「ああ、温泉があるんだ」って初めて知る、なんてこともありますよね。

そうしたら、またまた靴と靴下を脱いで、足を浸《ひた》してみて。

簡単に、地球のパワーとつながってしまいましょう！

93 清流のせせらぎで心身を浄化する

春になったら触れてほしい自然、それは清流。

山頂から雪解け水が、水源地から湧き水が、再び流れ出しますよね。

流れる清らかな水には、体の中の悪いエネルギーを取り除いてくれるパワーがあるんです。

流れるって、「変化する」ということですよね。

渓流《けいりゅう》を見ていると、一瞬たりとも静止しないで、次々と新しい水が流れてくるのがわかるはず。流れは、絶え間なく動き続ける周波数とも言えますね。

では、私たちの体や心は、どうでしょう？

「新陳代謝が落ちてるなあ」と感じること、ありませんか？

食べたものがいつまでも消化されていない感じがしたり、肌の調子が悪かったり。

軽い傷の治りが遅いなんていうことも、年齢を重ねると増えますよね。これは、自然治癒力が低調なせい、とも言えそう。

体の不調以外も同じです。

心にモヤモヤが澱むことって、ありますよね。

なんだかやる気が起きないとか、ストレスがたまって疲れたとか。

元気なときならパパッと判断できることができない、なんていう症状も、心の澱みの一つです。

迷ったり、悩んだり、小さな出来事を実際よりも大きくとらえてしまってクヨクヨしたり。

そんなモヤモヤを、清流にぜ〜〜んぶ、洗い流してもらいましょう！

一瞬たりとも途切れない流れを、ボーッと眺めるもよし。

せせらぎの音に、ひたすら耳を傾けるもよし。

そして、透明で冷たい水に手を触れて、指に当たる流れの速さを、実感してみて。

流れの周波数に同調すると、体も心も動き出します。

澱みが洗い流されて、目に映る風景も一変するはずです。

94 太陽の光で「生命力」をフルチャージする

太陽は、言うまでもなく、巨大なエネルギー体。

地球上に生きるすべての生命を生かす、莫大なパワーの塊。

私たちは、その下にいるだけで、その周波数を受け取れてしまう。

熱も光も、もらい放題。本当にありがたい話です。

私たちも、**もっと太陽の光を浴びたほうがいい**です。

現代人って、太陽の光を毛嫌いし過ぎだと思いませんか？　やれシミができるとか、シワができるとか。

日焼け止めを塗って、さらに日傘を差して。巨大なサンバイザーや手袋をつけて。

日焼け防止は大事だけど、そこまでする必要ってあるんでしょうか？　お肌を気にし過ぎて太陽のパワーを逃しているほうが、よっぽど損じゃないかな？

実際、日光を避け過ぎて骨粗鬆症《こつそしょうしょう》になっちゃった、なんて話も聞きますしね。

メンタルの不調は日光を浴びると軽減する、ともいわれています。


長時間でなくていいから、ときには太陽のパワーを浴びてみましょうよ！

お日様がいちばん高く昇るお昼どき、日傘も帽子も省略して、外に出てみて。

ベランダに出るだけでもいいし、家の近所をブラブラするだけでもいい。

公園のベンチに座って、まったりするのもいいですね。

明るさと暖かさを、じっくり味わってみてください。

このとき太陽に直接お願いするという方法もお勧め。

「私の体に、生命力をフルチャージしてください」と、目を閉じて心に念じてみるの。

こうお願いすれば、本当に太陽の生命力が入ってきますよ。

それに応えるように、体の内側からも元気と活気が湧いてくるはずです。

95

「雨音瞑想」でスーッと眠りにつく

「雨」といえばイコール「悪いお天気」。

……と思われているのって、雨、気の毒！

だって、雨が降るからこそ植物も育つし、人間だって動物だって、渇きを癒すことができるわけですよね？

「でも、雨が降ると空は暗いし、空気はジメジメするでしょ？　梅雨どきなんて、もう最悪！」という声も聞こえてきそうですが、そう決めつけるのはまだ早い。

雨の周波数って、癒しの力を秘めているんですよ。

特に、梅雨前半の雨って、シトシト柔らかく降るでしょ？

これが梅雨の末期から夏本番や秋へと進んでいくと、ゲリラ豪雨やら台風やら、激しい雨になってしまうんだけど、この時期は、雨が優しいんです。

特に優しいなあ、と思うのが「音」。

地面に降り注ぐ「サーッ」という音とか、軒先《のきさき》から滴《したた》り落ちるしずくの音とか。
この不規則な音のリズムにも、炎のゆらぎと同じ「f分の1ゆらぎ」があるんです。
そう、**梅雨どきの雨音には、心を鎮静化するパワーがある**んです。

部屋の中、一人静かに雨音に耳を澄《す》ませると、きっとわかるはず。
ソファにゆったり腰かけて、5分から10分ほど、ひたすら雨音に耳を傾けてみて。
耳を澄ませて、音だけに集中するの。
——この感じ、もうあなたは知っているのでは？　そう、瞑想。
思考が止まって、感覚が「今ここ」に集中する感じ。
頭に渦巻く雑念が、スーッと消えていく感じ。
5分後には、頭がスッキリします。
ちなみにこの**「雨音瞑想」**、安眠効果もあります。
ベッドの中で雨音に耳を澄ませていると、スーッと眠くなるの。
雨の夜に、ぜひ試してみて。

96 大地のパワーを取り込む「裸足習慣」

土を裸足《はだし》で踏みしめる機会って、めったにないですよね。

いつも靴を履いているし、そもそも道が舗装されているし。

でもね、たまにでいいの。**土の上に、裸足で立ってみて**。

土って養分の塊でしょ？　植物を育て、その植物を食べる動物を育てるパワーが宿る、まさに母なる大地。そこに裸足で触れると、地中から湧き上がる、母なる大地の周波数と同調できるんです。

そんな場所はどこにあるかって？　ピクニック用のレジャーシートを広げられるような公園が、いちばん身近かな。クローバーの茂《しげ》みの合間にのぞく土を探して、靴も靴下も脱いで立ってみるの。

足の裏全体で、日頃感じることのない感覚を味わってみてください。

大地のパワーがあなたの中に、ぐんぐんチャージされるから。

97 寝っ転がって空を見る

大地のパワーを取り込む習慣、もう一つ紹介しますね。

それは、地面にあおむけに寝っ転がること。レジャーシート越しでもいいけれど、できれば直接がいいな。だから、汚れてもいい服を着て行ってね。

寝てみると、すぐわかるはず。**風景が「非日常」**なの。

視界のすべてが真っ青。空だけになるの。

で、しばらくすると、もう一つ気づくはず。非日常でも何でもないって。空はいつも頭上にある、宇宙はいつもここにあるんだってことに。

そう教えてくれるのは、あなたの背中が触れている母なる大地。

空と大地、二つの大自然と溶け合うような気持ちになれますよ。

ちなみに、夜の星空の下でやってみるのもお勧め。

自分も宇宙の一部なんだってことを思い出せます。

98 「大丈夫ポイント」につながる

肩こりがつらいとか、何かおなかの調子が悪いとか、痛みのあるときって、ついその痛みに意識が向いてしまいますよね。

でもそうすると、痛みは増幅するもの。

では、どうするか。**「大丈夫ポイント」につながる**といいんです。

「大丈夫ポイント？　何それ？」って思いますよね。

私もそうでした。なんと、このキーワード、ある日、宇宙が突然私に教えてくれたんです。「つらいときは『大丈夫ポイント』につながるといいよ」って。

大丈夫ポイントというのは、宇宙の叡智が流れ込むパイプが、一瞬でクリアになる周波数帯域のことで、ここにつながると、痛みが楽になるとのこと。

悩みや不安や自信喪失など、心がチクチク、ズキズキしているときも、スーッと楽になって「私、大丈夫だ」ってわかるんだそう。

痛みやつらさに、どう対処したらいいかまでわかっちゃうそう。


では、そんなポイントと、どうすればつながれるかというと……。

超カンタン。**10秒間ほど、思考を止めながらほんわか微笑む。**これだけ。

思考の止め方は、これまでいろいろ登場しましたよね。

その中で好きなのを選んで、プラス、ほんわか微笑むだけでいいの。

私もやってみました。そしたら本当に効きました！

「何悩んでたの？　私、宇宙と一体で、ありのままで完全なのに」って。

宇宙が教えてくれたところによると、こんなにスルッとつながれてしまうのには理由があって、「私、ありのままで完全」と気づく人が増えてきたからなのだそう。

その意識の集まり（集合意識）がパワフルになっているから、ちょっと思考を止めればすぐにアクセスできてしまうわけです。

「痛いなあ」「つらいなあ」「私ダメだなあ」とネガティブモードに入りそうな心と体を、10秒間でレスキューしてあげてください。

99 眠いときは気が済むまで寝る

「体の声」にとことん合わせていくことが、健康の秘訣でしたよね。

「次に何したい？」とか「何を食べたい？」とか「どこに行きたい？」とか。

では、睡眠はどうでしょう。

「体の声に従ったら、ダラダラといつまでも寝てしまうかも！」と思った人が多いかもしれません。

それはね、心身が疲れているんです。

いっぱい働いたり、頭もガンガン使っていたりして、疲労が限界までたまっていたら、「いつまでも寝ていたい」と思うのは当たり前。

「寝ていたいな～」と思いながら我慢して起きて、毎日がんばっていると、疲れがどんどん蓄積します。頭も働かないし、気持ちも落ち込みやすくなるの。宇宙と周波数が合わなくなって、運気も落ちてしまいますよ。

そんな人の解決策は一つ。寝ましょう。

仕事をしている人なら有給を取って、家事もしないでとことん眠るんです。

そのとき、「こんなことしていて、いいのかな」と思うのはナシ。

罪悪感スイッチは完全オフ！　体が寝ることを望んでいるのだから、宇宙がそう勧めているのだから、従うべし！

宇宙に逆らってクヨクヨしていたら、体は横になっていても、心が休まらないですよね？　寝ることを、自分に許しましょう。

「でも、いったん寝てしまうと、止まらなくなりそう」と思いますか？

止まらなくなるとしたら、まだ「こんなことしていては、いけない」が残っているからです。

罪悪感オフ状態で眠れば、大丈夫！　**体が必要なだけ寝たら、ちゃんと自然に起き出したくなります。**

一日で済むことも、三日かかる場合もあるだろうけれど、気が済むまで寝ていいんです。

その後は、ちゃんと普通のサイクルで眠れるようになりますよ。

100 宇宙に体を癒してもらう

寝る前に「体のココの具合いが悪いから、治しておいて」と宇宙に頼んでおけば、寝ている間に必要なことをしてくれます。宇宙は常に私たちを見ていて、最善の人生に導いてくれる、最高最強の味方。だから、ちゃんと助けてくれるんです。

でも、「全然助けてくれないじゃん！」となることも、ときにはあります。

それはね、その痛みや不調が、**そのときのあなたに必要なことだから**なの。

でも、「なんで必要なの？　意味がわからない！」ってなりますよね。

そう、わからない。理由はあるんだけど、人間にはわからないんです。

でも、「やっぱり宇宙って、頼りにならないよね」と、すぐにあきらめてはダメですよ。あとからわかることも、たくさんあるから。

宇宙のやり方って、人間の理解をときに超えているけど……幸せに導こうとしていることだけは絶対なんです。次章では、そんな話をしますね。

✴ 付録 ✴

「逆境」は宇宙からの上級問題

——「うまくいかない」のは、「うまくいく人生」の始まり

人生には、何度か「逆境」があります。

つらいこと、うまくいかないこと、願っても叶わないこと。

どうして？　って思いますよね。

でもね、理由はちゃんとあるの。逆境は、宇宙からの「そこにいちゃいけないよ」というサイン。じゃあ「そこ」ってどこ？

どうやったら抜け出せるのって、次々と疑問が湧いてくるよね。

逆境は宇宙からの「上級問題」。

解くのはちょっと大変だけど……。

解いたあとに、人生がパーッと開ける仕掛けが組み込まれているんです！　最後に、「習慣」の話から離れて、苦しい状況を最高の幸せに変える方法を、じっくりお伝えしていきますね。

ケース1

人からひどいことを言われて傷ついた

「あなたって○○よね！」と直接ズバッと言われたり、

「あの人、○○だよね～」なんて自分への陰口を偶然耳にしたり。

そんなときは、ショックだよね。ガーンとなって、激しく落ち込むよね。

あなたには、そんな経験ありますか？

「あった、あった」って思いながら、心の痛みがよみがえってきましたか？

さて、あなたを愛しているはずの宇宙は、なんでこんな痛みをあなたに与えたのでしょう？

その「○○」は、どんな言葉でしたか？

それは、あなたが嫌っている自分の一側面だったりします。

「自分が○○であることがイヤ」とか、

「○○であってはいけない」と、強く思っている、ということなのです。

よくないことだ、悪いことだ、恥ずかしいことだって。

だから、それを人から言われると深く傷つくわけです。

★「誰かの口を使って」宇宙があなたに伝えたいこと

そのとき、あなたはきっと、自分を傷つけた相手に怒りを感じるよね。

でも違うんです。

「なんてひどいことを言うの!?」って。その相手は、あなたが自分の何を受け入れていないのかを教えてくれているんです。


宇宙は、あなたのすべてを愛しています。

どんなあなただったとしても、そういうあなただから素晴らしいというスタンスです。

その状態とあなたが乖離《かいり》していると、宇宙の無限の恩寵《おんちょう》を受け取れなくなってしまいます。

だからときに、誰かの口を使って、あなたが自分の何を受け入れていないのかを気づかせようとするのです。

これを機に、あなたはさらにどんな自分でも受け入れられるようになり、さらに宇宙の恩寵を受け取れるようになるということ。

だから、決して不運なことではありません。

★傷ついたら、とにかく吐き出す！

でも、「わかった！　じゃ、自分をそっくり受け入れるね♪」なんて、まだまだ言えないと思います。

ショックを受けているし、怒りや恨《うら》みで頭の中がパンパンになっているしね。

だから最初は、その感情を思い切り吐き出しましょう。

「最低！」「なんであんなこと言うの!?」って、枕を叩いたり、叫んだり。

怒りより悲しみのほうが強かったら、泣くだけ泣いてもいい。

ある程度吐き出せたら、次は頭の中で「反論」が湧いてくるはず。

「いや、私、できている部分もあるよ?」というふうに、言葉や思考がムクムク湧いてくるかもしれない。

そんなときは、それも全部出しましょう。声に出して言ってもいいし、書き出してもいいですよ。とにかく、全部外に出してね。

ここまでやったら、ようやく心と頭が落ち着いてきます。

★何に傷ついたのか、自問する

次は、「その言葉の何がそんなに引っ掛かったの?」と自分に聞きましょう。

正直に、正当化せずに、なぜ傷ついたのかを考えます。

さあ、さっき話したことを思い出してみてください。

何がいちばん気に障《さわ》ったのか?

そしてそれは、自分のどういう側面を受け入れがたいと思っているからなのか……。

「その相手が言う前から、自分がずっと気にしていたことなんだ。それって、自分の全部を受け入れていないってことだ。ということは私、自分のどこかを仲間外れにして、自分で自分のその側面を攻撃し、排除しようとしてきたんだ……」そんなところまで気づければ、もう十分です。

ここまでわかったら、もう、怒りは浄化され、不思議と落ち着いて、なんだかすごく愛にあふれた気持ちになってきます。

★人間にはすべての側面がある

例えば、「あなたって、人の気持ちに鈍感な人よね」と言われたとしましょう。うーん、なかなかキツイよねえ。

でも本当に、あなたはいつも、毎回必ず、人の気持ちがわからないのかな？　そんなことはないですよね？　理解できているシーンもあるはず。

逆に、相手の気持ちがわからないどころか、人に対して冷たいときもあるはず。

だけど、人の気持ちがわからないような冷たい人間になっちゃダメだと思っていると、「人の気持ちに鈍感な人ね」という言葉に、必要以上に傷つく感じがしてしまうんですよ。

人間にはすべての側面があるから、人に対して温かいところもあれば、冷たいところもあって当然。

あなたに「人の気持ちに鈍感な人ね」と言った人だって、ある意味、あなたの気持ちには鈍感ともいえるわけで。みんな多かれ少なかれ、敏感さも鈍感さも、温かさも冷たさもある。

それだけのことなんですよ。

★自分のイヤな部分と〝仲直り〟しよう

だから、そういう自分もいるよなって、シンプルに受け入れるだけでいい。

ただし、「ええ、できないですよ、どうせ私はダメなんですよ」というのは、受け入れていることではありません。

それって前よりもっと激しく、「できない自分を受け入れていない」ことだから。

「私はダメだダメだ、できるようにならないと、ならないと！」というアラームがずっと頭の中で鳴り続けているのと同じだから。

「そうだね、そういうこともあるよ～」と思うこと、それが本物の「受け入れること」です。

そしてもう一つは、「でも、100％できていないわけじゃないよね？」というポイントも見つけてあげること。**「できていることもあるよ」と認めてあげる**ことです。

こうして、自分の中にある両方を受容できたら、楽になります。

「この私でいいんだ」って落ち着くと……これがねえ、不思議なの。

非難されたそのポイントが改善するんです、かなりの確率で。

自分を受け入れたあなたへの、宇宙からのプレゼントね。

自分のイヤな部分と仲直りすると、人生が大きく変わるんですよ。

ケース2

好きなことを始めたのにお金が入らない

6章で、「金運を上げるなら、魂が歓ぶことをしよう」という話をしましたね。
で、実際に、そういう仕事を始めたとします。
ところが、
「全然お金が入ってこない。どういうこと!?」
ということは、けっこうあります。
これには、いろいろな理由があります。
一つ目は、**まだお金が入る段階に入っていない**、ということ。
「最初からザクザク入ってくる」なんてことはないんです。
この段階では、宇宙はまだアレンジの途上。結果が出るのは、もう少し先なの。
だから、焦らなくていい。

「お金が入らない、どうしよう！」と思ってしまうと、不安のネガティブ周波数によって、ますますお金が入らなくなる悪循環に陥ります。

まずは**腰をどっしり据えて、大きく構える**こと。

そして、**少しでも入ったら思いっ切り歓ぶ。**

最初の収入を歓ぶと、周波数がパッと上がって、宇宙と周波数が合いやすくなるの。

それがきっかけになって、まるでドミノ倒しのように、次々お金が流れ込むことになったりもします。

★途中からうまくいかなくなったら、こうしてみる

いったん軌道に乗ったのに、その後イマイチ、ということもありますね。

横這《よこば》いになったり、下降線をたどったり。

それは、**「やり方を変えたほうがいいよ」「次のステージ、考えてみたら？」**という宇宙からのサインです。

「言われてみれば、守りに入っていた気もする」

なんて、思い当たるんじゃないかな。

だから、ここでもクヨクヨ悩んだり、焦ったりしなくていい。

「そっか、さらなる発展の兆《きざ》しなんだ！」と思うのが正解です。

ここでいったん、休憩するのもいい方法です。

活動を一時停止して、「どんなやり方に変えようか？」「次のステージに行くとしたら、何がしたいかな？」って、イメージを膨らませるの。

次なる一歩に向けてのワクワク感を、大きく膨らませましょう。

★それは「初心に立ち戻ろう」というメッセージ

「横這い」「下降線」のときはもう一つ、宇宙が**「初心とズレてない？」**と言ってきている可能性もあります。

その仕事をしているのが楽しくて、お客様に喜んでもらえると幸せで……と最初は思っていたのに、いつの間にか売上金額ばかり気にしていたとか、儲け主義になっていたとか、違う方向に行っていたのかもしれない。

それなら、初心に立ち戻らないとね。

「始めたときは、どんな気持ちだったっけ？」と振り返ってみましょう。

「そうか、最初はただ、この仕事ができることがうれしかったのにな」

「いつの間にかイケイケドンドン、お金バンザイ、になってたな」

と思い当たったなら、さらに問いかけてみましょう。

「改めて、自分が楽しめることって何だろう？」

「みんなが喜んでくれるような、どんなサービスを提供すればいいんだろう」

と、自分とお客様の両面から考えてみて。

自分が楽しくて、人も共感してくれることをやると、仕事はうまくいくものなんです。

★楽しくないなら「辞める」選択を恐れない

考えた結果、「あ、これ、本当にやりたいことではなかった」とわかることもあります。

自分では「やりたい」と思っていたけれど、実は誰かの期待に合わせていただけだったとか、世間的な成功をおさめて羨望《せんぼう》の的《まと》になりたかっただけだったとか……。

「私、無理してた」と気づいたら、潔《いさぎよ》く辞めましょう。

楽しくないのであれば、辞めるのがいちばんです。

これ、勇気がいりますよね。

「このあと、どうなるんだろう」「また一から何か始めるなんて無理かも」と思いますよね。

でもね。自分に正直な選択って、宇宙の周波数とめちゃくちゃ同調します。

これってホント！　スゴいんですよ。

無理やり維持するより、本当にやりたいことをしたほうが、結果的にさらに大きく発展するサイクルに入ります。

★冒険したら、世界が変わった

私自身も、仕事がうまくいっているはずなのに、なんだか守りに入っている気がして、全部一回リセットしたくなったことがあります。

そこで、ちょっと冒険をすることにしました。

すでに私を信頼してくださるお客様の「輪」の外――日本全国あちこちの町を旅して、路上で知らない人を相手に仕事してみよう、と。

車にキャンプ用のイスとテーブル、そして看板を積み込んで、さあ出発！

その看板には、こう書きました。

「あなたの魂の素晴らしさを10分1000円で伝えます」

……怪しがられました（笑）。公園の管理の人に怒られたりもしましたね～。でも、喜んでくれる人もいましたよ。

その中で出会った人から、ふときっかけを得て、次はポンッと、インドに飛びました。なんでインド？　って、その話は長くなるから省略。

とにかく自分の中の「ワクワク」に従ったら、そうなったの。

そんなこんなで、気が済むまで冒険をして、インドに2カ月いたあと、我が家に帰還。

その後、初出版が決まり、そこからどんどん本が出るようになりました。

ブログのページビュー数も、ケタ違いに変わりました。

次元が違うステージに、跳べたんです。

★動きつづけた先に、想像を超えるミラクルが！

ここまでしないとダメだぞ！　と言っているわけではないですよ。

私が伝えたかったのは、**「動く」って、スゴく宇宙とつながりやすいということ。**

宇宙って、常に拡大しながら超高速で動いています。

つまり、同じところにとどまっていないわけです。

だから、人間も「現状維持」をいつまでもやっていると、宇宙と周波数がズレてしまうんですよ。

だから守りに入らず、どんどん変化することを楽しんでいけば、どこまでも宇宙の周波数と同調でき、ますます発展していけます。

そして**宇宙は、こっちが動けば動くほど、想像を超えるようなミラクルをぶち込んでくる。**

前と比べ物にならないような、本当にスゴいことをね。

だから、

「始めたことを辞めるなんて、世間体が悪い」とか、

「一応お金が入ってくるのに辞めてしまうなんて、リスク高過ぎ」とか、
いっさい思わなくていい、思わないほうがいい。

やりたくないことを続けていると、必ず疲弊します。

すると宇宙はますます「もう次に進んでください」って伝えようと、同じことを続けられないように壁を作り出します。

あなたの魂の歓びに素直に従うこと。たとえ、リスクがあってもね。

それが、停滞した運を、再び大きくジャンプさせる極意なんです。

ケース3

会社でつらい目に遭っている

同僚からいじめられている、上司からパワハラを受けている、退職の「肩たたき」をされた、もしくは「クビ」になった……。

などなど、「職場にいられなくなる」という状況、つらいし、しんどいですよね。

職場って、収入はもちろんだけど、「ここに所属しています」という安心感をくれる場所でもありますよね。そういう場所で、いじめられたり邪険にされたりするなんて……。

いったい、どういうことなんでしょうか？

宇宙は、なんであなたをこんな目に遭わせるのかな？

それはね。**「ここはあなたの居場所じゃないよ」っていうサイン**なんですよ。

「ほかに、あなたが幸せになれる場所があるよ」ということ。

「まさか！　仕事自体は好きだし、やりたいことなのに」……という場合も、「同じジャンルで、もっといい環境があるよ」というサインの場合が多い。

実はこの逆境、私自身も昔、経験したんです。そしてあとから、「ああ、宇宙が教えてくれていたんだ」ってわかったの。

ここからは、そんな私の経験を交えながら、お話ししますね。

★もっと「いい道」が準備されている

私も、昔勤めていた職場で、パワハラに遭いました。

昇給をストップされたり、私だけ会議に出させてもらえなかったり、ほかにもいろいろ。

あんまりだと思って、「労働基準局」に行って、訴えました。

ところが、担当の人がな～んかノラクラしていて、相手にしてくれないの。

もう、八方塞《はっぽうふさ》がりだって思いましたよ。

でも今思うと……あの担当者が協力的な人だったら、絶対にパワハラとして業務改善命令が出ていたし、そうなったら、今でもあの職場で仕事をしていたと思います。

心からやりたい仕事をしている、今の私はいないのよね。

宇宙はあのとき、私に強烈にサインを送ってくれていたんですよ。

「いつまでそんなことやってんの？　いい加減、したいことしなよ」って。

職場の人の意地悪も、周囲の非協力的な態度も、なかなか自分の道に進もうとしない私の背中を強力に蹴っ飛ばしてくれていたようなものだったんですよ。

ひどい状況であればあるほど、それは「もっと、いいこと」に宇宙が向かわせてくれているということなの。「もう耐えられない！」というときは、完全に辞め時ってこと。「機は熟した」ということなの。

そう、**飛躍のサイン**なんです。

★自分の価値、認めてますか？

それを知らない人は、なんでこんな目に遭うのか全然わからないから、間違った解釈をしてしまいます。

「私がダメな人間だからだ」って。
そんなこと思う必要ない。低い自己認識って、周囲の対応に反映しちゃうの。
「私は大事にされる価値のない人間だ」と思ってると、本当にぞんざいに扱われて、ますます状況が悪化する。
不当な扱いをされるときって、そういう要因も絡んでいるんです。

だからあなた自身が、こんなに一生懸命に生きている自分を、心から受け入れてあげるべきなんです。

失礼な対応や、悪意に満ちた態度に遭遇したら、「私は大切に扱われる価値があるんだ」と思い出してください。そして大切に扱われることを自分に許してください。

相手自体にも問題があるとは思いますが、それ以前に、**自分が自分をどう思っているのか**が関係していることなんですよ。

この場面では、相手はある意味、関係ありません。強《し》いて言えば、あなたが自分と向き合う「きっかけ」をくれた人、という感じかな。

そういう意味では、ありがたい存在なんですよ。もしそのことに気づいて、心から感謝できたら、相手の態度は確実に変わります。

まずは、自己認識がどうなっているのか、よく自分に聞いてみること。

そして、自分がいかによくやっているか、ちゃんと認めてあげること。

さらに、本当はどう生きたいのか、はっきりさせることです。

★自分を見つめたら「やりたいこと」が降ってきた

私も、そうしました。

私のやりたいこと――それはやっぱり、たくさんの人に「すべての人はそれぞれに素晴らしい」と気づいてもらうこと。そして人の中に眠っている力を引き出して、輝かせるサポート。そんな仕事が本当はしたいんだな、って気づき始めたのです。

で、そんな矢先に、交通事故に遭いました。

ケガはなかったのですが、車が思い切り壊れちゃったの。

本当に踏んだり蹴ったり、悲惨《ひさん》だよね。

ところがそれも、宇宙の粋なアレンジだったんです。

車がないから、電車で通勤するしかない。で、車内でスピリチュアル関連の本をたくさん読んでいたら……。

人の力を引き出して自己実現させるコースカリキュラムが突然降りてきた。

コンセプトから内容から、細かいやり方まで……。

やりたくないことを無理にする人生を辞めて、もう好きなことを好きなようにやる人生を生きてやるって心に決めていたから、宇宙の周波数ともばっちり同調する状態になっていたんでしょうね。

「これやりたい、絶対やろう、会社を辞めていいや!」と思った瞬間でしたね。

★〝帰る橋〟を焼いてしまおう!

不思議なことは、まだ続きます。

そう決めた数日後、「早期退職制度」の告知が出たんです。

今、退職したら、たくさん退職金を出しますよ、という制度ね。

辞めるのはいいけど、マンションのローンが残っているし、どうしようかなと思っていたところに、こんなにタイミングよく早期退職制度ができるなんて信じられないでしょ。

しかも会社都合で辞められるから、失業保険も即もらえた。

宇宙と周波数が同調している状態だと、こういうミラクルも起こってしまうのよ。

ちなみにこの制度、後にも先にも、その年度しか実施しなかったんですって。

宇宙恐るべし!!!


一般常識的には「なんて無謀な」と言われる選択だったと思う。

元の職場はそれなりに名のある、安定した組織だったしね。

「辞めるにしても次の就職先を見つけてから辞めないと」と考える人もいると思う。

でもこういうときって、**あえて退路を断ったほうが、運気が上がる**んですよ。

それは前の項目でもお話ししたように、リスクを取って大きくチャレンジしたほうが宇宙の周波数と同調するから。

前の職場を辞めて、朝起きて、「ああ、もうここから先は好きなことだけして生きていけるんだ」と思ったときの、これ以上ないほどの解放感と幸福感。今でもその瞬間を鮮明に覚えています。

ダメだったらダメで別に死ぬわけではないし、お金を稼ぐだけなら、バイトでも何でもある。何とでもなると思っていました。

失業保険も退職金もあるし、まずは気が済むまで好きなことをしました。

それでスピリチュアルなコースでヒーリングを学び、それがまた楽しくて楽しくて、コースの第一段階終了と同時に早速開業しました。

最初のうちは前の職場よりも収入は少なかったですが、それを超えて余りあるほどの歓びと自由がありました。

いつも歓びいっぱいでいたら、宇宙の周波数とも同調しまくりで、どんどんお客さんが増え、収入も増え続けていきました。

★道は、宇宙が作ってくれる

そのときやりたいことを素直にやれば、宇宙が道を作ってくれます。

だからあなたも、宇宙に愛されている自分を信じましょう。

いじめ、パワハラ、あるいはリストラ……。
そんな目に遭ったって、嘆《なげ》くことはないんです。
あなたはもっと自由になり、
もっと豊かになり、
もっと幸せになり、
ひいてはたくさんの人の力にもなれる。
「あなたには、それだけの力がありますよ」という宇宙からのサインに過ぎない。

あなたは、あなたが思っている以上に素晴らしい人なんです。
そのことを誰よりも、宇宙がいちばんよくわかっている。
そして、この地上の誰よりも、あなたを愛している。
その宇宙のサインを信頼して、
あなたの道を進んで行っていいんです。

エピローグ

宇宙銀行の「無限の宝庫」をぜひ活用してください

私は以前から、宇宙銀行の無限の宝庫を、どうして人はもっと活用しないんだろうと思っていました。

どうしたら幸せになれるかも、
どうすれば好きなことをやって豊かになれるのかも、
どうすれば心も体も癒されるのかも、
宇宙は全部知っている。

あなたのよさが最大限に引き出されて最高に輝く、あなただけの道がどういう道なのかはもちろん、そこに至るために何が必要なのかも知っているし、すべてを動かしてその道に導くことができるのも宇宙だけです。

でも、多くの人はそのことを知りません。

ましてや、どうすればそんな宇宙の宝庫を活用できるのかなんて、知る由《よし》もありません。神頼みをしたり、占いに頼ったり、高価な開運グッズを買ったり、自分でどうにかしようと自分に鞭《むち》打ってがんばったりしています。

もうそろそろ、そういう時代は終わりにしていい。

私たちは無限なる宇宙から生み出された「宇宙の申し子」なんです。

運命に翻弄《ほんろう》されるだけの、弱くて頼りない存在ではない。

自分が何者かを思い出し、無限なる宇宙と最高の人生を共同創造していい時代に入ったと思います。

だけど、宇宙とつながることが、難しいことで特殊なことであるなら、なかなかそうはいきませんよね。

でも、実はそんなに難しいことではないんですよ。

あなたが歓びや幸せ、楽しさ、快適さ、気楽さ、落ち着き、愛などを感じられる状態であれば、こちらからわざわざ願うまでもなく、宇宙銀行からあなたの想像を超えるあらゆる恩寵が流れ込んでくるんです。

この本は、「自分」と「宇宙の周波数」をシンクロさせるには、日常的にどういう習慣を持てばいいのかを、さまざまな角度から紹介しました。

どれもすぐにできることばかりで、少しも難しいことではありません。

これだったらできると感じることを、一つでもいいから続けてみてください。

続けるだけで、明らかになんだか最近ツイてるなあって思うことが増えてきます。

知りたいと思っただけで、あらゆるソースから情報が流れ込んできたり、条件のいい仕事に就くことができたり、こんな人と仲よくなりたいと思っていた人と出会えたり……。

それによって、ますます別の習慣も取り入れたくなってきます。そんな流れに沿って、取り入れたい習慣を取り入れていけばいいのです。

私も、これらの習慣を生活に取り入れていますが、実際にやり続けていくうちに、本も次々出版されるようになりましたし、ワークショップや講演会もおかげさまで大盛況です。人の縁にも恵まれるようになりました。

私も、あちこち壁に頭をぶつけていた、人生が全くうまくいかなかった人間でした。

それでも周波数を宇宙と同調させるようにして、歓びを起点に、どうなろうと宇宙におまかせして生き始めたら、こんな大逆転が起こりました。

だからきっと、あなたも大丈夫。宇宙銀行からいくらでも幸運を引き出して、最高の人生を宇宙と共同創造してください。

この本を活用して、あなたがますます豊かに、自由に、はつらつと生きられるようになることを、心から祈っています。

大木ゆきの

本書は、マキノ出版より刊行された『宇宙銀行から幸せが雪崩れ込む習慣』を、文庫収録にあたり加筆・改筆・再編集のうえ、改題したものです。

いつも運《うん》のいい人《ひと》100の習慣《しゅうかん》

著　者　大木ゆきの（おおき・ゆきの）
発行者　押鐘太陽
発行所　株式会社三笠書房
〒102-0072　東京都千代田区飯田橋3-3-1
https://www.mikasashobo.co.jp
印　刷　誠宏印刷
製　本　ナショナル製本

ISBN978-4-8379-3109-6　C0130

©Yukino Ohki, Printed in Japan

本書へのご意見やご感想、お問い合わせは、QR コード、
または下記 URL より弊社公式ウェブサイトまでお寄せください。
https://www.mikasashobo.co.jp/c/inquiry/index.html

＊本書のコピー、スキャン、デジタル化等の無断複製は著作権法上での例外を除き禁じられています。本書を代行業者等の第三者に依頼してスキャンやデジタル化することは、たとえ個人や家庭内での利用であっても著作権法上認められておりません。
＊落丁・乱丁本は当社営業部宛にお送りください。お取替えいたします。
＊定価・発行日はカバーに表示してあります。

王様文庫

王様文庫

週末朝活

池田千恵

「なんでもできる朝」って、こんなにおもしろい！　○「朝一番のカフェ」の最高活用法○今まで感じたことがない「リフレッシュ」　○「できたらいいな」リスト……週末なら、時間も行動も、もっと自由に組み立てられる。心と体に「余白」が生まれる59の提案。

「運のいい人」は手放すのがうまい

大木ゆきの

こだわりを上手に手放してスパーンと開運していくコツを「宇宙におまかせナビゲーター」が伝授！　◎心がときめいた瞬間、宇宙から幸運が流れ込む　◎「思い切って動く」とエネルギーが好循環……心から楽しいことをするだけで、想像以上のミラクルがやってくる！

宇宙におまかせで願いを叶える本

大木ゆきの

大人気ブロガー・大木ゆきのがずっと伝えたかった「宇宙におまかせ」で最高の人生を自動展開させるコツ！　◎「魂レベルで楽しい♪」が豊かさを引き寄せる　◎「今、この瞬間」に集中すると、宇宙とシンクロ……自分に素直になると「いいこと」が次々やってくる！

K30674